山川岁月长

蒋勋
龙应台
林清玄
等著

向阳 编

江苏凤凰文艺出版社
JIANGSU PHOENIX LITERATURE AND ART PUBLISHING, LTD

献给山川与岁月的敬爱之书

目录

那些山川岁月，大地草木，从未真正地离开我们。山河平静辽阔，无一点贪嗔痴爱，而我们匆匆忙忙，都还在路上。

——引言

第一章 无关喧嚣，无关岁月

所有美好都藏于时间的缝隙里，那缝隙也是光照进来的地方。

无关岁月

蒋勋

时间其实是一条永不停止的长河，无法从其中分割出一个截然的段落。我们把时间划分成日、月、年，是从自然借来某一种现象，以地球、月球、太阳或季节的循环来假设时间的段落；时间，也便俨然似乎有了起点和终点，有了行进和栖止，有了盛旺和凋零，可以供人感怀伤逝了。

“抽刀断水水更流”，在岁月的关口，明知道这关口什么也守不住，却因为这虚设的关口，仿佛也可以驻足流连片刻，可以掩了门关，任他外面急景凋年，我自与岁月无关啊！

今日的过年是与我童年相差很大了。

在父母的观念中，过年是一件了不得的大事。一九五〇年许，我们从大陆迁台，不仅保留了故乡过年的仪节规矩，也同时增加了不少本地新的习俗；我孩童时代的过年，便显得异常热闹忙碌。

母亲对北方过年的讲究十分坚持。一进腊月，各种腌腊风干的食物，便用炒过的花椒盐细细抹过，浸泡了酱油，用红绳穿挂了，一一吊晒在墙头竹竿上。用土坛封存发酵的豆腐乳、泡菜、糯米酒酿，一缸一瓮静静置于屋檐角落。我时时要走近去，把耳朵俯贴在坛面上，仿佛可以听到那平静厚实的稳重大缸下酝酿着美丽动人的声音。

母亲也和邻居本地妇人们学做了发粿和闽式年糕。

辗磨糯米的石磨现在是不常见到了。那从石磨下汩汩流出的白色米浆，被盛放在洗净的面粉袋中，扎成饱满厚实胖鼓鼓的样子，每每逗引孩子们禁不住去戳弄它们。水分被挤压以后凝结的白色的米糕，放在大蒸笼里，底下加上彻夜不熄的炽旺的大火，那香甜的气味，混杂着炭火的烟气便日夜弥漫在我们的巷弄。

放假无事的孩童，在各处忙碌的大人脚边钻蹿着，驱之不去，连那因为蒸年糕而时常引发的火警、消防车当当赶来的急迫和匆促，也变成心中不可解说的紧张与兴奋。

早年台湾普遍经济状况并不富裕的情况下，过年的确是一种兴奋的刺激，给贫困单调的生活平添了一个高潮。

在忙碌与兴奋中，也夹杂着许多不可解的禁忌。孩子们一再被提醒着不准说不吉祥的话。禁忌到了连同音字或一切可能的联想也被禁止着。单方面的禁止孩子，便不生什么实际的效果，母亲就干脆用红纸写了几张“童言无忌”，四处张贴在我们所到之处。

母亲也十分忌讳在腊月间打破器物，如果不慎失手打碎了盘碗，必要说一句：“岁岁（碎碎）平安。”

这些小时候不十分懂，大了以后有一点厌烦的琐碎的行为，现今回想起来是有不同滋味的。

远离故土的父母亲，在异地暂时安顿好简陋的居处，稍稍歇息了久经战乱的恐惧不安，稍稍减低了一点离散、饥饿、流亡的阴影，他们对过年的慎重，他们许多看来迷信的禁忌，他们对食物刻意丰盛的储备，今天看来，似乎都隐含着不可言说的辛酸与悲哀吧。

我孩童时的过年，便对我有着这样深重的意义，而特别不能忘怀的自然是过年的高潮——除夕之夜了。

除夕当天，母亲要蒸好几百个馒头。数量多到这样，过年以后一两个月，我们便重复吃着一再蒸过的除夕的馒头。而据母亲说，我们离开故乡的时候，便是家乡的邻里们汇聚了上百个馒头与白煮鸡蛋，送我们一家上路的。

馒头蒸好，打开笼盖的一刻，母亲特别紧张，她的慎重的表情也往往使顽皮的我们安静下来，仿佛知道这一刻寄托着她的感谢、怀念，她对幸福圆满简单到不能再简单的祝愿。

我当时的工作便是拿一根筷子，蘸了调好的红颜色，在每一个又胖又圆冒着热气的馒头正中央点一个鲜丽的红点。

在母亲忙着准备年夜饭的时候，父亲便裁了红纸，研了墨，用十分工整的字体在上面写一行小字：“历代本门祖宗神位”。

父亲把这字条高高贴在白墙上，下面用新买的脚踏缝衣机做桌案，铺了红布，置放了几盘果点，两台蜡烛，因为连香炉也没有，便用旧香烟罐装了米，上面覆了红纸，端端正正插了三炷香。

香烟缭绕，我们都曾经依序跪在小竹凳上，向这简陋到不能再简陋的宗族的祖先神祠叩了头。

在人们的心中，如果还存在着对生命的慎重，对天地的感谢，对万物的敬爱与珍惜，便一定存在着这香烟缭绕的桌案吧。虽然简陋到不能再简陋，在我的记忆中，却如同华贵庄严的神庥俎豆，有我对生命的慎重，有我对此身所有一切的敬与爱，使我此后永远懂得珍惜，也懂得感谢。

我喜欢中国人的除夕。年事增长，再到除夕，仿佛又回到了那领压岁钱的欢欣。我至今仍喜欢“压岁钱”这三个字，那样粗鄙直接，却说尽了对岁月的惶恐、珍重，和一点点的撒赖与贿赂。而这些，封存在簇新的红纸袋中，递传到孩童子侄们的手上，那抽象无情的时间也仿佛有了可以寄托的身份，有许多期许，有许多期望。

导读

蒋勋，一九四七年生于西安，福建长乐人。一九五〇年来台，小时候住在台北大龙峒，蒋勋早在学生时代就开始涉猎绘画、戏剧、佛学、西洋音乐，以及文、史、哲学。中国文化大学历史系学士、艺术研究所硕士，后来又远赴法国巴黎第一大学艺术史研究所，专攻音乐史、戏剧史、文学史及社会史课程。一九八一年受邀参加美国爱荷华大学国际写作计划。曾任《雄狮美术》月刊主编、淡江大学、辅仁大学、台湾大学副教授，东海大学美术系创系主任七年。曾获《中国时报》文学奖推荐奖、中兴文艺奖章、吴鲁芹散文奖。著有散文集《大度·山》《今宵酒醒何处》《岛屿独白》《写给 Ly’s M- 一九九九》，诗集《多情应笑我》。

《无关岁月》收入《大度·山》。题目虽明指与岁月无涉，实则所写便是抽象的时间。抽象难写，因此必得逆向操作，借由具体事物切入，以实探虚。过年的禁忌和琐细当时觉得厌烦，如今回忆起来却都有了岁月的光泽和温润。那个时代对年节的慎重，实是父母对离乱人生的珍惜。当回忆被整理、被凝视，被重新赋予意义时，活过的痕迹才透显出它的价值，抽象的时间原来没有消失，它收藏在回忆里。

——钟怡雯

四 随

林 清 玄

随喜

在通化街入夜以后，常常有一个乞者，从阴暗的街巷中冒出来。

乞者的双腿齐根而断，他用包着厚厚棉布的手掌走路。他双手一撑，身子一顿就腾空而起，然后身体向一尺前的地方扑跌而去，用断腿处点地，挫了一下，双手再往前撑。

他一走路几乎是要惊动整条街的。

因为他在手腕的地方绑了一个小铝盆，那铝盆绑的位置太低了，他一“走路”，就打到地面咚咚作响，仿佛是在提醒过路的人，不要忘了把钱放在他的铝盆里面。

大部分人听到咚咚的铝盆声，俯身一望，看到时而浮起时而顿挫的身影，都会发出一声惊诧的叹息。但是，也是大部分的人，叹息一声，就抬头仿佛未曾看见什么地走过去了。只有极少极少的人，怀着一种悲悯的神情，给他很少的布施。

人们的冷漠和他的铝盆声一样令人惊诧！不过，如果我们再仔细看看通化夜市，就知道再悲惨的形影，人们已经见惯了。短短的通化街，就有好几个行动不便、肢体残缺的人在卖奖券，有一个点油灯弹月琴的老盲妇，一个头大如斗四肢萎缩瘫在木板上的孩子，一个软脚全身不停打摆的青年，一个口水像河流一般流淌的小女孩，还有好几个神志纷乱来回穿梭终夜胡言的人……这些景象，使人们因习惯了苦难而逐渐把慈悲盖在冷漠的一个角落。

那无腿的人是通化街里落难的乞者之一，不会引起特别的注意，因此他的铝盆常是空着的。他为了引起人们的注意，有时故意来回迅速地走动，一浮一顿，一顿一浮……有时候站在街边，听到那急促敲着地面的铝盆声，可以听见他心底多么悲切的渴盼。

他恒常戴着一顶斗笠，灰黑的，有几茎草片翻卷了起来，我们站着往下看，永远看不见他脸上的表情，只能看到那有些破败的斗笠。

有一次，我带孩子逛通化夜市，忍不住多放了一些钱在那游动的铝盆里，无腿者停了下来，孩子突然对我说："爸爸，这没有脚的伯伯笑了，在说谢谢！"这时我才发现孩子站着的身高正与无腿的人一般高，想是看见他的表情了。无腿者听见孩子的话，抬起头来看我，我才看清他的脸粗黑，整个被风霜腌渍，厚而僵硬，是长久没有使用过表情的那种。后来，他的眼睛和我的眼睛相遇，我看见了这一直在夜色中被淹没的眼睛，透射出一种温暖的光芒，仿佛在对我说话。

在那一刻，我几乎能体会到他的心情，这种心情使我有着悲痛与温柔交错的酸楚。然后他的铝盆又响了起来，向街的那头响过去，我的胸腔就随他顿挫顿浮的身影而摇晃起来。

我呆立在街边，想着，在某一个层次上，我们都是无脚的人，如果没有人与人间的温暖与关爱，我们根本就没有力量走路，不管在任何时候任何地方，我们见到了令我们同情的人而行布施之时，我们等于在同情自己，同情我们生在这苦痛的人间，同情一切不能离苦的众生。倘若我们的布施使众生得一丝喜悦温暖之情，这布施不论多少就有了动人的质地，因为众生之喜就是我们之喜，所以佛教里把布施、供养称为“随喜”。

这随喜，有一种非凡之美，它不是同情、不是悲悯，而是因众生喜而喜，就好像在连绵的阴雨之间让我们看见一道精灿的彩虹升起，不知道阴雨中有彩虹的人就不会有随喜的心情。因为我们知道有彩虹，所以我们布施时应怀着感恩，不应稍有轻慢。

我想起经典上那伟大充满了庄严的维摩诘居士，在一个动人的聚会里，有人供养他一些精美无比的璎珞，他把璎珞分成两份，一份供养难胜如来佛，一份布施给聚会里最卑下的乞者，然后他用一种威仪无匹的声音说：“若施主等心施一最下乞人，犹如如来福田之相，无所分别，等于大悲，不求果报，是则名曰具足法施。”

他甚至警策地说，我们身旁所有的来乞求的人，都是不可思议解脱菩萨境界的菩萨来展示的，他们是来考验我们的悲心与菩提心，使我们从世俗的沦落中超拔出来。我们若因乞求而布施来植福德，我们自己也只是个乞求的人，我们若看乞者也是菩萨，布施而怀恩，就更能使我们走出迷失的津渡。

我们布施时应怀着最深的感恩，感恩我们是布施者，而不是乞求的人；感恩那些秽陋残疾的人，使我们警醒，认清这是不完满的世界，我们也只是一个不完满的人。

“一切菩萨所修无量难行苦行，志求无上正等菩提，广大功德，我皆随喜。如是虚空界尽、众生界尽、众生烦恼尽，我此随喜无有穷尽。”

我想，怀着同情、怀着悲悯，甚至怀着苦痛、怀着鄙夷来注视那些需要关爱的人，那不是随喜，唯有怀着感恩与菩提，使我们清和柔软，才是真随喜。

随业

打开孩子的饼干盒子，在角落的地方看到一只蟑螂。

那蟑螂静静地伏在那里，一动也不动，我看着这只见到人不逃跑的蟑螂而感到惊诧的时候，突然看见蟑螂的前端裂了开来，探出一个纯白色的头与触须，接着，它用力挣扎着把身躯缓缓地蠕动出来，那么专心，那么努力，使我不敢惊动它，静静蹲下来观察它的举动。

这蟑螂显然是要从它破旧的躯壳中蜕变出来，它找到饼干盒的角落脱壳，一定认为这是绝对的安全之地，不想被我偶然发现，不知道它的心里有多么焦躁。

可是再心焦也没有用，它仍然要按照一定的程序，先把头伸出，把脚小心地一只只拔出来，一共花了大约半小时的时间，蟑螂才完全从它的壳用力走出来，那最后一刻真是美，是石破天惊的，有一种纵跃的姿势。我几乎可以听见它喘息的声音，它也并不立刻逃走，只是用它的触须小心翼翼地探着新的空气、新的环境。

新出壳的蟑螂引起我的叹息，它是纯白的，几近于没有一丝杂质，它的身体有白玉一样半透明的精纯的光泽。这日常引起我们厌恨的蟑螂，如果我们把所有对蟑螂既有的观感全部摒除，我们可以说那蟑螂有着非凡的惊人之美，就如同是草地上新蜕出的翠绿的草蝉一样。

当我看到被它脱除的那污迹斑斑的旧壳，我觉得这初初钻出的白色小蟑螂也是干净的，对人没有一丝害处。对于这纯美干净的蟑螂，我们几乎难以下手去伤害它的生命。

后来，我养了那蟑螂一小段时间，眼见它从纯白变成灰色，再变成灰黑色，那是转瞬间的事了。随着蟑螂的成长，它慢慢地从安静的探触而成为鬼头鬼脑的样子，不安地在饼干盒里搔爬，一见到人或见到光，它就不安焦急地想要逃离那个盒子。

最后，我把它放走了，放走的那一天，它迅速从桌底穿过，往垃圾桶的方向遁去了。

接下来好几天，我每次看到德国种的小蟑螂，总是禁不住地想，到底这里面，哪一只是我曾看过它美丽的面目，被我养过的那只纯白的蟑螂呢？我无法分辨，也不需去分辨，因为在满地乱爬的蟑螂里，它们的长相都一样，它们的习气都一样，它们的命运也是非常类似的。

它们总是生活在阴暗的角落，害怕光明的照耀，它们或在阴沟，或在垃圾堆里度过它们平凡而肮脏的一生。假如它们跑到人的家里，等待它们的是克蟑、毒药、杀虫剂，还有用它们的性费洛蒙做成来诱捕它们的蟑螂屋，以及随时踩下的巨脚，擎空打击的拖鞋，使它们在一击之下尸骨无存。

这样想来，生为蟑螂是非常可悲而值得同情的，它们是真正的“流浪生死，随业浮沉”，这每一只蟑螂是从哪里来投生的呢？它们短暂的生死之后，又到哪里去流浪呢？它们随业力的流转到什么时候才会终结呢？为什么没有一只蟑螂能维持它初生时纯白、干净的美丽呢？

这无非都是业。

无非是一个不可知的背负。

我们拼命保护那些濒临绝种的美丽动物，那些动物还是绝种了。我们拼命创造各种方法来消灭蟑螂，蟑螂却从来没有减少，反而增加。

这也是业，美丽的消失是业，丑陋的增加是业，我们如何才能从业里超拔出来呢？从蟑螂，我们也看出了某种人生。

随顺

在和平西路与重庆南路交口的地方，每天都有卖玉兰花的人，不只在天气晴和的日子，他们出来卖玉兰花，有时是大风雨的日子，他们也来卖玉兰花。

卖玉兰花的人里，有两个中年妇女，一胖一瘦；有一个消瘦肤黑的男子，怀中抱着幼儿；有两个小小的女孩，一个十岁，一个八岁；偶尔，会有一个背有点弯的老先生，和一个白发苍苍的老妇，也加入贩卖的阵容。

如果在一起卖的人多，他们就和谐地沿着罗斯福路、新生南路步行扩散，所以有时候沿着和平东西路走，会发现在复兴南路口、建国南路口、新生南路口、罗斯福路口、重庆南路口都是几张熟悉的脸孔。

卖花的不管是老人还是孩子，他们都非常和气，端着用湿布盖好以免玉兰枯萎的木盘子从面前走过，开车的人一摇手，他们绝不会有任何的愤怒之意。如果把车窗摇下，他们会赶忙站到窗口，送进一缕香气来。在绿灯亮起的时候，他们就站在分界的安全岛上，耐心等候下一个红灯。

我自己就是大学教授、交通专家所诅咒的那些姑息卖玉兰花的人，不管是在什么样的路口，遇到任何卖玉兰花的人，我总是忘了交通安全的教训，买几串玉兰花，买到后来，竟认识了罗斯福路、重庆南路口几个卖玉兰花的人。买玉兰花时，我不是在买那些清新怡人的花香，而是买那生活里辛酸苦痛的气息。

每回看到卖花的人，站在烈日下默默拭汗，我就忆起我的童年时代为了几毛钱在烈日下卖枝仔冰，在冷风里卖枣子糖的过去。在心里，我可以贴近他们心中的渴盼，虽然他们只是微笑着挨近车窗，但在心底，是多么希望，有人摇下车窗，买一串花。这关系着人间温情的一串花才卖十元，是多么便宜，但便宜的东西并不一定廉价，在冷气车里坐着的人，能不能理解呢？

几个卖花的人告诉我，最常向他们买花的是出租车司机，大概是出租车司机最能理解辛劳奔波的生活是什么滋味，他们对街中卖花者遂有了最深刻的同情。

其次是开小车子的人。最难卖的对象是开着豪华进口车、车窗是黑色的人，他们高贵的脸一看到玉兰花贩走近，就冷漠地别过头去。

有时候，人间的温暖和钱是没有关系的，我们在烈日焚烧的街头动了不忍之念，多花十元买一串花，有时在意义上胜过富者为了表演慈悲、微笑照相登上报纸的百万捐输。

不忍？

是的，我买玉兰花时就是不忍看人站在大太阳下讨生活，他们为了激起人的不忍，有时把婴儿也背了出来，有人批评他们把孩子背到街上讨取人的同情是不对的。可是我这样想：当妈妈出来卖玉兰花时，孩子要交给保姆或用人吗？当我们为烈日曝晒而心疼那个孩子，难道他的母亲不痛心吗？

遇到有孩子的，我们多买一串玉兰花吧！不要问什么理由。

我是这样深信：站在街头的这一群沉默卖花的人，他们如果有更好的事做，是绝对不会到街上来卖花的。

设身处地地为苦恼的人着想，平等地对待他们，这就是“随顺”，我们顺着人的苦难来满他们的愿，用更大的慈和的心情让他们不要在窗口空手离去，那不是说我们微薄的钱真能带给卖花的人什么利益，而是说我们因有这慈爱的随顺，使我们的心更澄澈、更柔软，洗涤了我们的污秽。

“一切众生而为树根，诸佛菩萨而为华果，以大悲水饶益众生，则能成就诸佛菩萨智慧华果。”

我买玉兰花的时候，感觉上，是买一瓣心香。

随缘

有一个朋友，她养了一条土狗，狗的左后脚因被车子辗过，成了瘸子。

朋友是在街边看到这条小狗的，那时小狗又脏又臭，在垃圾堆里捡拾食物，朋友是个慈悲的人，就把它捡了回来，按照北方习俗，名字愈俗贱的孩子愈容易养，朋友就把那条小狗正式命名为“小瘸子”。

小瘸子原是人见人恶的街狗，到朋友家以后就显露出它如金玉的一些美质。它原来是一条温柔、听话、干净、善解人意的小狗，只是因为生活在垃圾堆，它的美丽一直未被发现吧。它的外表除了有一点土，其实也是不错的，它的瘸，到后来反而是惹人喜爱的一个特点，因为它不像平常的狗乱纵乱跳，倒像一个温驯的孩子，总是优雅地跟随它美丽的女主人散步。

朋友对待小瘸子也像对待孩子一般，爱护有加，由于她对一条瘸狗的疼爱，在街间中的孩子都唤她“小癞子的妈妈”。

小癞子的妈妈爱狗，不仅孩子知道，连狗也知道，她有时在外面散步，巷子里的狗都跟随她，并且用力地摇尾巴，到后来竟成为一种极为特殊的景观。

小癞子慢慢长大，成为人见人爱的狗，天天都有孩子专程跑来带它去玩，天黑的时候再带回来。由于爱心，小癞子竟成为巷子里最得宠的狗，任何名种狗都不能和它相比。也因为它的得宠，有人以为它身价不凡，一天夜里，小癞子狗被抱走了，朋友和她的小女儿伤心得就像失去一个孩子。巷子里的孩子也惘然如失去最好的玩伴。

两年以后，朋友在永和一家小面摊子上认到了小癞子，它又回到在垃圾堆的日子，守候在桌旁捡拾人们吃剩的肉骨。

小癞子立即认出它的旧主人，人狗相见，忍不住相对落泪，那小癞子流下的眼泪竟滴到地上。

朋友又把小癞子带回家，整条巷子因为小癞子的回家而充满了喜庆的气息，这两年间小癞子的遭遇是不问可知的，一定受过不少折磨，但它回家后又恢复了往日的神采。过不久，小癞子生了一窝小狗，生下的那天就全被预约，被巷子里，甚至远道来的孩子领养。

做过母亲的小癞子比以前更乖巧而安静了，有一次我和朋友去买花，它静静跟在后面，不肯回家，朋友对它说了许多哄小孩一样的话，它才脉脉含情地转身离去，从那一次以后，我再也没有看过小癞子了，它是被偷走了呢？还是自己离家而去？或是被捕狗队的人所逮捕？没有人知道。

朋友当然非常伤心，却不知道在什么时间什么地点可以再与小癞子会面。朋友与小癞子的缘分又是怎么来的呢？是随着前世的因缘，或是开始在今生的会面?

一切都未可知。

但我的朋友坚信有一天能与小瘸子再度相逢，她美丽的眼睛望着远方说：“人家都说随缘，我相信缘是随愿而生的，有愿就会有缘，没有愿望，就是有缘的人也会错身而过。”

海的儿女

林清玄

“给我们讲关于海的故事好吗？”有一天我带着几个小侄儿到海边去，都市的小孩子很少看海，突然这样要求我。

我有什么资格告诉他们关于海洋的故事呢？海在过去曾经有过无数的文学家给它赞美、为它颂歌；也有无数的人依它生活，充满了血泪；同样也有无数的人在里面埋葬，在雄伟的海前，完成了他们渺小的一生。他们都有资格来为我们讲海，但他们也同时没有一个真正了解海。

——海不是用来被人了解的，海是用来给人感动、启示、联想，乃至于生活的。

我的海洋经验说起来十分有限，但我可以说是爱海的。我的学生时代，有三年是在海边的学校度过，每日黄昏下学以后，我就孤单地到海边，顺着台南的安平海岸散步，静静听着海洋的呼吸。有一次台风前夕，甚至在海岸看着呼喊的海啸，巨浪冲天，背面的天空则是一片光灿到不可逼视的橘红，那时我为海的伟大而深深地感动，但我并不能确知海，因为那时我刚从山上的农家来到海边的学校。

当我开始认识班上的同学，才发现我的同学绝大多数来自海边。他们的家长都依海维生，但从事不同的工作：有的是盐民，靠着将海水引进，晒成白颜色的盐生活；有的是蚵民，在海边插下蚵种，等待海洋的孕育与收成；有的是农民，他们在离海不远的沙地上种西瓜、香瓜以及花生，海埔地虽然贫瘠，但仍然生养他们；最多的则是渔民了，他们几乎天天到海里去捕鱼，有的是沿海、近海，也有远洋的，我才知道远洋的渔民是一出门便是一年半载看不到土地的；另外也有一种也算渔民，他们在海边围成鱼塭，养虾蟹和虱目鱼。

我慢慢理解到原来光是在海边竟是有这样不同的生活，那海里的多样更不用说了。有时候接受同学的邀请，我就住在他们海边的家，白天与他们到海边去劳动和游戏，晚上则目送同学的父亲出海去讨生活，清晨则看着海边的风向球，等待归航的船只；在曙光初透的时刻，在鱼市场看渔民拍卖一箩筐一箩筐的鱼货，并互相交谈着昨夜的海上，以及今夜、未来几天海洋里可能的变化。

——海是每天都不同的，海是每一时刻都在变动的。

高三那年，一个要好的同学在课室里流泪，我才知道不久前他哥哥的远洋渔船遇到风难而找不到尸体了。我的同学短短几天已经坚强起来，使我惊奇。后来才了解依海维生的人早就看清了自己的宿命，那就像我们与盐民在海边踩水车，踩快的时候，有时会一脚踏空。不同的是水车可以再踏一脚，在海里则没有这种机会。

当我开始比较会生活以后，我在旅行的时候就到海边去住宿，虽然有时候到像垦丁这一类的地方，只是去感觉海水的温度，看海边的浪，以及接受银光色水母的攻击。

更多的时候我到海边去生活，我曾在澎湖大仓岛的渔民家里住过，申请出海证，在沿海一带捕鱼。

我曾在宜兰东澳的渔民家住过，白天在东澳小学教小学生读书，夜里坐在海风的庭前，听老了的渔民回忆海边的风浪。后来认识了海防士兵，他们特准我在深夜坐在海边，想象海里发生过的故事。

我曾在基隆八斗子海边渔家住过，那时八斗子海边正要扩建码头，不得不拆去海岸的妈祖庙，我因为感同身受，便同渔民抗议拆庙。虽然庙还是不得不拆，但那一回我深刻知道，即使一辈子捕鱼的人对大海还是有敬畏的，因此不管任何海边都有保护的庙宇，而不论何时出海，出海前都要放鞭炮。

我也曾在台南四草的养蚵人家住过，白天和他们撑着竹筏到海岸去采蚵，并把蚵运到邻近的市场，夜里在砖屋前喝米酒唱渔歌，放松着，准备明日的奋斗。

如果说，渔民是海里的农夫，我曾和他们一起入海耕耘；如果说渔民是海的挑战者，我曾和他们一起抗争；如果说渔民是海的儿女，我曾经与他们一起投入母亲的怀抱；如果说渔民对海还怀有恐惧，我曾和他们一起烧香祷告，祈求平安。

但如果说这样我就算了解海，并不是的。我和一个六十岁的渔民谈海，他告诉我七岁时就开始到海里谋生，但他还是不了解海，他说："像我们出海，没有一个人下网前能估算他捞起来时的收获。"又说："甚至到现在，我还不能知道居住的海边有多少种鱼，常常有一些鱼捞起来，连我都没见过。"他还说："就说天气好了，我还不敢把握每一天海上的天气呢！因为海最敏感，我们陆上无风时，海上可能正刮着大风呢！"

从来没有人能知道完全的海吧！我曾走过希腊闻名世界的科林斯地峡，它沟通地中海和爱琴海。我站在地峡往两边望，一边是青森色，一边是蔚蓝色，而地峡的水是透明的浅蓝，光是海的颜色我们就不能猜度了。

海明威的《老人与海》算是最伟大的海洋文学了。表面上，老人与海洋的抗争结束，老人战胜了大鱼，可是真正的本质里，海还是大到无以对抗的。

海是那样多变的吧！却又不尽然，我有一个远洋渔船的船员朋友，每次出海就是一年多，海洋里单调的生活常常使他想自杀。可是一旦回到陆地，夜里听到船只出港的汽笛声他就心情激荡，想再回到大海的怀抱。他在那样又爱又恨的情绪里，在海洋度过他大部分的青春岁月。

记得我在澎湖大仓岛居住时，每天和大仓小学的孩子在操场打篮球。篮球板的背面就是大海，传球稍微不慎，篮球就顺着岩岸滚入大海，孩子马上纵身跑入海中拾球，继续比赛。常常一场球打下来，要到海中捡二十几次球。

我教孩子读书是困难的，因为就在澎湖的大仓岛上，你无法告诉孩子什么是火车、什么是汽车、什么是冷气、什么是电扇，这些现代的东西岛上都没有（岛上用火力发电，每天夜里八点到十点供应两小时，所以孩子还知道电灯）。甚至也没法让小孩知道什么是河流、什么是山、什么是稻子（岛上既无山也无河，唯一能够生长的作物是花生与番薯）。我们也无法让孩子了解陆上的动物，这里的陆上除了猫狗，几乎没有其他动物。可是要谈起海洋呢？我在小学生的面前就变得无知而渺小。每一个七岁以上的孩子，都能够辨认海边常见的鱼贝和虾蟹，会帮母亲补网，能够在海中空手捕到一些鱼类。他们还知道几月份的时候可以出海捕鱼，出海的时候可以捕到什么，捕小管和捕沙虾的工具有什么不同，而且也知道什么样的风向是不宜出海的。

我甚至向一个五岁的孩子学到，如何用石头剖开海胆，挖出里面的肉烤来吃；如何分辨可食用的海参，和有腥臭不能吃的海参；如何用腐肉在岩岸边捕捉行动迅速的小蟹……

海洋的学问是这样大，几乎比陆上还要复杂，可是生活在海岛上的大海儿女，他们一出生就学会了那些学问。

那么我有什么资格向陆上的孩子讲述海洋的故事呢？要了解海洋，唯一的方法是住到海边；要知道海洋的故事，就要和海的儿女做朋友。

大地是我们的。

海洋也是我们的。

大地的儿女是我们的孩子。

海洋的儿女也是我们的孩子。

他们在日常生活得来的智慧与启示，就是我们明日的希望。

导读

林清玄，有一个林大悲的笔名，暗示着他写作佛理散文的大方向。一九五三年生于高雄冈山，世界新闻专科学校电影技术科毕业，曾任职《中国时报》，担任《时报周刊》主编，离职后专事散文写作多年，是散文的写手，获奖无数。

林清玄的作品以报告文学起家，所以写作速度快又准，一般散文创作相当多样化，常由生活出发，借通俗的文字表达佛教奥义，菩提系列专书就是其中的代表作，其后大量写作，无不以此为准则，企图启迪人心、阐发人性。

《四随》就是典型的佛理散文，随喜，随顺，就是佛教教人顺应人世的应变之道，人生既然是无常，如果没有随业、随缘的认识与修养，生命之苦将会增加，林清玄以此作为文章的主轴，完成这篇散文。以“随喜”而言，他是从通化街夜市作为背景，这就是以平凡场景作为布施的道场，林清玄以生活启悟生命的写作特色。《海的儿女》也以日常生活起兴，从与侄子辈前往海边的家常事入手，引出台湾人对海生疏的错误观念，身为海洋儿女的台湾子民，竟然疏离海，是台湾的不幸，所以他有见于此，以这样的话结束：“要知道海洋的故事，就要和海的儿女做朋友。”可以看出他对台湾的爱，正确而深切。

——萧萧

百 年 思 索

龙 应 台

1

十九世纪的世界？

那要看你说的是哪一个世界。十九世纪后半叶的维也纳，在斯蒂芬·茨威格的回忆里是一个明亮美好的世界：

……普遍的繁荣变得愈来愈明显，愈来愈迅速，愈来愈丰富多彩。照亮夜晚街道的，已经不是昏暗的灯光，而是耀眼的电灯。从主要街道到市郊的沿街店铺都散射出迷人的新的光彩……水已经不再需要从水井或水渠里去提取，炉灶生火也不再那么费劲，到处讲究卫生，已不再满目肮脏……人们都变得愈来愈漂亮，愈来愈强壮，愈来愈健康。畸形残废、甲状腺肿大、断肢缺腿的人在街上已日益少见。

……社会方面也在不断前进：每年都赋予个人以新的权

力，司法愈来愈温和与人道……愈来愈广泛的社会阶层获得了选举权，从而有可能通过合法手段来维护自己的利益。社会学家和教授们竞相为使无产者享有比较健康幸福的生活而出谋划策，因此，这个世纪为自己所取得的成就而自豪。

十九世纪末叶的中国，你可以透过外国人的眼睛来看，譬如一个美国女传教士在一八九五年看见的山西：

……街头到处都是皮肤溃烂的人，大脖子的、肢体残缺变形的、瞎了眼的，还有多得无可想象的乞丐……肮脏，令人作呕……一群男人就在我们眼前把裤子脱下来大便，然后蹲在那儿抓身上的虱子……一路上看到的溃烂皮肤和残疾令我们难过极了。

也可以透过中国人的眼睛来看，譬如梁启超在一八九六年写的：

……地利不辟，人满为患。河北诸省，岁虽中收，犹道相望。京师一冬，死者千计。一有水旱，道路不通，运赈无术，任其填委，十室九空。滨海小民，无所得食，逃至南洋美洲诸地，鬻身为奴，犹被驱迫，丧斧以归。驯者转于沟壑，黠者流为盗贼。

……官制不善，习非所用，用非所习……一官数人，一人数官，牵制推诿，一事不举……非钻营奔竞，不能疗饥；俸廉微薄，供亿繁浩，非贪污恶鄙，无以自给。

或者加拿大传教士马偕在一八七二年所投宿的“台湾最好的旅馆”：

> 大马路上一排低矮的砖房……房间极小，小得只能塞下三张床，没有任何桌椅。薄板床的脚是砖块叠的；没有弹簧垫或床单被套，只有几张肮脏的草席，抽鸦片的苦力在上头睡过多年。没有窗。花生豆油点起的微光让人看见地板是黑湿的泥土，墙，污秽不堪且生了霉……鸦片味冲鼻，在门口污泥里打滚的猪发出臭味……这些猪走进走出，但这是我们走遍了全岛所住过最好的旅馆。

每一个时代都有它的情绪。茨威格的十九世纪的欧洲人乐观而且自负，“怀着自由派的理想主义真诚地相信自己正沿着一条万无一失的平坦大道走向最美好的世界”。梁启超时代的中国人却是惶惶不安的，“今有巨厦，更历千岁，瓦墁毁坏，榱栋崩折，非不枵然大也，风雨猝集，则倾圮必矣”。每个人都有风雨欲来、大难临头的压抑和紧张。

即使仅仅只是想写本游记，作者的序却可以沉重得不胜负荷：“吾人生今之时，有身世之感情，有家国之感情，有社会之感情，有种教之感情。其感情愈深者，其哭泣愈痛；此洪都百炼生所以有《老残游记》之作也。”

虽然执笔在二十世纪初，刘鹗表达的却是十九世纪末的时代情绪：“棋局已残，吾人将老，欲不哭泣也，得乎？”大厦将倾，棋局已残，除了感时忧国的痛哭之外，还有救亡图存的奋起。既沉重，又激越。

二十世纪的树种在十九世纪的土壤里，离地面最远的一片叶子也含着土壤的成分。如果斯蒂芬·茨威格的维也纳是我的土壤，我不会是现在的我。年轻时留学美国，看见美国的年轻人抬头挺胸，昂首阔步，轻轻松松地面对每天升起的太阳，我觉得不可思议：这样没有历史负担的人类，我不曾见过。我，还有我这一代人，心灵里的沉重与激越，是否有一个来处？

2

不是说，所有针砭时事的文章在事过境迁之后都要失去它的魅力，那么为什么梁启超的文章在一百年之后仍旧让四十岁的我觉得震动？

他分析专制政体如何塑造中国人的民族性格：

> 夫既竞天择之公例，唯适者乃能生存。吾民族数千年生息于专制空气之下，苟欲进取，必以诈伪；苟欲自全，必以卑屈。其最富于此两种性质之人，即其在社会上占最优胜之位置者也。

他呼吁体制改革迫在眉睫否则将万劫不复：

> 吾国民苟非于此中消息参之至透、辨之至晰、忧之至深、救之至勇，则吾见我父老兄弟甥舅，不及五稔，皆转于沟壑而已。呜呼，吾口已 ，吾泪已竭，我父老兄弟甥舅，其亦有闻而动振于厥心者否耶？

他的剖析像一把寒光刺目的刀，他的呼吁像伤口上抹盐时哼不出来的痛楚。在二十世纪还年轻的时候，十九世纪的文章也曾感动过另一个四十岁的人——胡适在一九三〇年说梁启超的文字："我在二十五年后重读，还感觉到他的压力，何况在我十几岁最容易受感动的时期呢？"

"最容易受感动的时期"是一九〇五年，胡适十二岁，读到三十二岁的作家梁启超的大声呼喊：

> 破坏亦破坏，不破坏亦破坏！

少年人热血奔腾，"冲上前去，可不肯缩回来了"。

这个热血少年在二十五年后变成北大教授，转身对又是一代的少年呼喊：

> 少年的朋友们，现在有人对你们说："牺牲你们个人的自由去求国家自由！"我对你们说："争你们个人的自由，便是为国家争自由！争你们自己的人格，便是为国家争人格！自由平等的国家不是一群奴才建造得起来的！"

同时，他对继满清政府而起的新的独裁毫不留情：

> ×× 党和 ×× 党协作的结果，造成了一个绝对专制的局面，思想言论完全失了自由……一个学者编了一部历史教科书，里面对于三皇五帝表示了一点怀疑，便引起了国民政府诸公的义愤，便有戴季陶先生主张要罚商务印书馆一百万元！……至于舆论呢？我们花了钱买报纸看，却不准看一点确实的新闻，

不准读一点负责任的评论：我们不能不说国民政府所代表的国民党是反动的。

四十岁的胡适之所以仍受梁启超的文章感动，难道不是因为，尽管已经过了四分之一世纪，他所面对的中国仍是一个专制贫穷的中国，他所感受的痛苦仍是梁启超的痛苦，他所不得不做的呼喊仍是梁启超的呼喊？

而我，正好在胡适所抨击的那个体制下出生、成长。十二岁的胡适在上海读书，用心背诵抄写的是《新民论》《天演论》《群己权界论》。老师们出的作文题目是“论日本之所由强”和“言论自由”。六十年之后，十二岁的我在台湾读书，用心背诵抄写的是“蒋公训词”。写的作文题目是“民族救星”“大有为的政府”“忠勇为爱国之本”“孝顺为齐家之本”。没有人告诉我，胡适在一九三〇年曾经说：

少年的朋友们，请仔细想想：你进学校是为什么？你进一个政党是为什么？你努力做革命工作是为什么？革命是为了什么而革命？政府是为了什么而存在？

也没有人告诉我，在一九〇〇年梁启超曾经说：

故今日之责任，不在他人，而全在我少年。少年智则国智……少年独立则国独立，少年自由则国自由。

一百年之后我仍受梁启超的文章感动，难道不是因为，尽管时光荏苒，百年浮沉，我所感受的痛苦仍是梁启超的痛苦，我所不得不做的呼喊仍是梁启超的呼喊？我自以为最锋利的笔刀，自以为最真诚的反抗，哪一样不是前人的重复？重复前人的痛苦，重复前人的努力，整个民族智慧就消耗在这一代又一代的重复中。温习中国近代史，翻过一篇又一篇的文章，不免生气：他妈的，为什么每一代人都得自己吃一次蜘蛛，吃得满嘴黑毛绿血，才明白蜘蛛不好吃？

北京大学是一八九八年维新运动的产物。一九九八年，为庆祝北大百年校庆，北京学者李慎之写着：

> 自由主义……是一种社会政治制度，也是一种生活态度。只有全社会多数人都具备了这样的生活态度，也就是正确的公民意识，这个社会才可以算是一个现代化的社会。这个国家才可以成为一个法治国家。

中国要达到这个目标，还有漫长而曲折的路要走。

唉，李慎之肯定知道汪康年在一八九六年说过的话：

> 全国之民皆失自主之权，无相为之心。上下隔绝，彼此相离。民视君父如陌路，视同国若途人。夫民之弱与离，君所欲也。……积至今数千年，乃受其大祸。然则至今日，而欲力反数千年之积弊，以求与西人相角，亦唯曰复民权、崇公理而已。

“复民权、崇公理”，用今天的白话文来说，不就是“公民意识”“法治社会”吗？中间已经过了多少年？而前面“还有漫长而曲折的路要走”？

3

……

一八九八年，有一个重要的外国人来到北京，叫伊藤博文。曾有人对他的到来报以厚望。《台湾日日新报》以生动的文字报导了九月十九日伊藤和康有为的晤谈：

康氏曰："……君侯见太后时，请极言多国相迫，外患甚急，断行改革，则中国尚能自立，不然，必难当各国分派，其祸患不可胜言。"

侯曰："诺。"

康氏又曰："君侯见太后时，请极言倡论改革多士，皆具忠心为国家谋幸福，无他意者……"

侯曰："诺。"

康氏又曰："君侯见太后时，请极言满人汉人，同为清国赤子……满汉界线，切不可分。"

……侯连答皆诺之。康氏色怡曰："君侯能为太后逐一言此，则一席话足救我中国四亿万人，岂唯敝邦幸福，东方局面，地球转运，实系在君侯焉。"

伊藤来不及见到太后，政变已发生。康有为成为中国头号政治犯，透过英国人的主动援救而流亡日本。

李鸿章要求伊藤遣回康有为，伊藤回答：

唯唯否否不然。康之所犯如系无关政务，或可遵照爵相所谕。若干涉国政，照万国公法不能如是办理，当亦贵爵相所相知。

历史情境的相似像电影的蒙太奇。政变发生，有决定留下来流血牺牲的，譬如谭嗣同；有决定出走流亡的，譬如康梁。国际舆论不满北京政府的镇压，纷纷插手。为了声援黄遵宪，英国宣布："如中国国家欲将黄遵宪不问其所得何罪必治以死，则我国必出力援救以免其不测之祸。"几个鲁莽的美国人甚至试图劫狱。抵达彼岸的流亡人士起先受到外国媒体的包围和爱国华侨的支持。时日稍久，部分流亡者彼此之间产生矛盾，相互攻击，财务不清者有之，道德败坏者有之。

……

我想起谭嗣同临刑前的话："各国变法，无不从流血而成，今日中国未闻有为变法流血者，此国所以不昌也。有之，请自嗣同始。"

4

所以外国人以人权为理由干涉中国内政也有一百年的历史了。而围绕着这种洋人"干涉"的辩论，是不是不一样了呢？

九十年代的争执是：人权是不是西方文化专属特产，适不适合中国国情，有没有所谓中国国情。

上海学者王元化在一九九五年的看法是：

我不赞成所谓万物皆备于我的返本论，尤其当有些人假借东方主义的理论，只承认文化传统的特性，不承认各个民族由人类共性所形成的相等的价值准则，因而拒绝遵守国际公法和人性原则的时候，这个问题就更突出了。今天不应该再出现清军在常胜军协助下攻破太平军驻守的苏州，因杀降而遭到戈登将军责问时，以“国情不同”为借口来搪塞的荒唐事了。

一九九八年我的一篇以德文发表的文章在欧洲引起一些注意：

个人、自由、人权，在西方文化里也是经过长期的辩证和实验才发展出来的东西，不是他们“固有”的财产……文化，根本没有“固有”这回事……文化是一条活生生的、浩浩荡荡的大江大河，不断地形成新的河道景观。文化一“固有”，就死了。……儒家思想本身，又何尝不是一个充满辩证质疑、不断推翻重建的过程？

梁启超在一八九六年写的《论不变法之害》，熟读清史的王元化想必了然于心，我却是第一次细读。我的错愕在王元化眼中一定显得可笑。

梁启超这篇气势磅礴的文章说了些什么呢？第一，“上观百世，下观百世，经世大法，唯本朝为善变。”所谓传统所谓国情，就是不断地推翻重建。第二，“吾所谓新法者，皆非西人所故有，而实为西人所改造”。民主科学现代化，只是在西方发生，改变了西方，而不是西方文化固有本质。第三，“天子失官，学在四彝”。如果民主科学在中国文化中找不到，可以学。第四，更何况，中国传统庞杂多元，不见得找不到；中国有神农后稷，有庠序学校，有议郎博士，有墨翟亢仓关尹。

结论呢，“法者天下之公器也，变者天下之公理也。大地即通，万国蒸蒸，日趋于上。大势相迫，非可阏制，变亦变，不变亦变！”世界有某些共同的价值，往这些价值迈进，是推挡不住的世界趋势。

这篇文章在我读来觉得惊心动魄，因为它所碰撞的几个问题正好是一百年以后中国知识界最关切的大问题之一——中国文化的现代化。看看中研院李明辉在一九九七年怎么描述：

> 当代儒学所面对的时代问题主要是现代化问题……现代不等于西化，但我们不能不承认：现代化的历史动力主要是来自西方，因此，中国文化在追求现代化的过程中，自始便与“它该如何面对西方文化”的问题相关联……在面对现代化的问题而进行自我转化的过程中，当代儒学一方面致力于现代化的意义，一方面重新诠释自己的传统。这两方面的工作是相互关联、同步进行的，而且都必须透过对西方文化的吸纳和消化来进行。

梁启超的“法者天下之公器也，变者天下之公理也”所勾勒出来的难道不就是我们转进二十一世纪的此刻所面对的现代化以至于全球化的基本原则吗？

而我自以为得意的文章，又说了什么梁启超不曾说过的话？王元化可也觉得忧郁？

5

我想，我落进了一个自己画出来的圈套。感叹后人没有超过前人，就是假定历史以直线往前迈向进步，譬如斯蒂芬·茨威格时代的维也纳人。他们“觉得每隔十年便标志着更上一层楼的进步”；他们“始终不渝地深信容忍与和睦是不可缺少的约束力。他们真心真意地以为，各国和各教派之间的界线和分歧将会在共同的友善中逐渐消失，因而整个人类也将享有最宝贵的财富——安宁与太平”。

这是茨威格十九世纪的父辈们所相信的进步主义。茨威格写回忆录是在一九四〇年；这年，身为犹太人，他，以及他的父辈，已经被逆转的时代狂潮所粉碎。二十世纪的一代人，已经没有人敢相信历史是直线进步的。

一九四二年，忧伤的作家自杀身亡。

这个说法，茨威格不会同意，希特勒统治下的托马斯·曼不会同意，东德昂纳克统治下的艺术家们不会同意。历史的重复、文明的倒退，在以往有太多的见证者。

最令人困惑的，是日本。从康梁时代到一百年后的今天，国人一直在赞美明治维新如何奠定了日本现代化的基础。康有为让光绪皇帝苦苦钻研的两本书之一，就是他所写的《日本变政考》。中国百日维新的失败像一块破抹布，擦亮了明治维新这块代表进步的铜牌。

明治维新真这么光滑灿亮吗？很少被提及的是，英法美荷四国联军曾经炮轰下关，强迫通商；激烈的攘夷运动、连串的军事镇压、激进派的暗杀行动、国粹派的反动，贯穿整个明治维新时期。

再说，日本军国主义的种子难道不是种在明治维新的意识形态里？福泽谕吉在他一八八五年的《脱亚论》中所提倡的进步论调就是要“摆脱亚洲的固陋，转向西方的文明”，主张“我国不要犹豫等待邻国的开明，共兴亚洲，而应该脱离这一队伍，与西方的文明共进退”。

不是基于这样的“进步”理念才会有一八九四年的“清日战争”吗？

中国战败所给予日本的三点六亿日元，是日本国家预算的五六倍，大幅度促进了日本的工业发展；更重要的，其中超过五分之四被用在日后的扩充军备上。甲午战争的胜利简直就是明治维新获得的奖牌，标志着“进步”。

可是，一九四五年，当原子弹将日本国土烧成焦黑、大和人民尸横遍野的那一刻，明治维新究竟是胜利了还是失败了？历史，在那一刻，究竟是前进了还是后退了？

弗洛伊德大概是对的。他说我们的文明，或者说文化，只是非常薄非常薄的一层，随时可能被恶的欲念冲破。

非常薄的一层什么呢？我想，像手捧着的透明的细瓷吧，一不小心就要粉碎。一旦哗啦碎在地上，我们又得从头来起，匍匐在地，从掘泥开始。

6

如果瓷器不摔下来，如果文明能平静地累积一段时候，有些理想却也是可以实现的。陈少白在一百年前来台湾成立兴中会台湾分会时，不会料到这个岛屿的未来。

到一九五二年，胡适仍在抵挡国民党的专制；唯一不同的是，三〇年代的他咄咄逼人，气势万钧，五〇年代的他——人老了可能不是唯一的原因——低调、迂回、欲言又止。但他仍旧呼喊：“人人应该把言论自由看作最宝贵的东西，随时随地地努力争取，随时随地地努力维持……”

这是胡适在纪念《自由中国》创刊三周年的致辞。八年后，杂志被查禁，雷震下狱，判刑十年。看起来是件大事，因为胡适和雷震名气太大。人们不太知道也不太记得，早在一九四九年，台湾作家杨逵因写过《和平宣言》而被判十二年监禁。《和平宣言》所要求的也不过是“请政府从速准备还政于民，确切保障人民的言论集会结社出版思想信仰的自由”。

……

在二十世纪末的台湾，没有人再谈争取自由，没有人再谈争取人权，因为宪法保障的自由和人权都已获得。梁启超的作文题目总算过时了。在一九九八年，两千一百万台湾人已经拥有与西方齐步的基本权利，譬如居住迁徙自由、言论出版自由、秘密通讯自由、集会结社自由、宗教信仰自由，以及所谓生存权、工作权、财产权、参政权、请愿诉愿权、国民教育权等等。另外被视为理所当然的还有社会福利保险、健康医疗、文化艺术发展和弱势团体的特别保护。

这不是十九世纪的知识分子所梦寐以求的“复民权、崇公理”吗？梁启超一代人影响胡适一代人；胡适一代人影响殷海光一代人；殷海光一代人之后有一波又一波前仆后继的知识分子，这是捧着瓷器跑步的接力赛。瓷器一百年不落地而碎，它就嫣然放出光芒，证明一百年前张之洞的缺乏远见：

> 使民权之说一倡，愚民必喜，乱民必作，纪纲不行，大乱四起……子不从父，弟不尊师，妇不从夫，贱不服贵，弱肉强食，不尽人类不止。环球各国必无此政，生番蛮獠必无此俗。

……台大的江宜桦说得不错：

当愈来愈多的自由权利被开发出来并形成对立冲突之局，民主审议就成了不得不然的调节机制，因为我们面对的再也不是简单的自由派或保守派之别，而是不同自命为自由派的自由主义价值之别。这种困境的内在意义，恐怕才是现代社会中所有提倡个人权利的行动者，所必须深思的课题。

新得到的自由在台湾人的手里，像一条抓不住的泥鳅。

7

或者说，是一个仍在拉坯阶段尚未成形的瓷器？在台湾这个实验室里，西方民主制度和中国传统文化掺杂混合而冒出来的奇形怪状，令人眼花缭乱，目不暇接。梁启超在一九〇三年就有所忧虑："然吾闻共和政体，以道德为之气者也。"他指的是公民道德，也是我们所说公民社会里的人民素质。"苟脱威力之制裁，而别无道德之制裁以统一之，则人各立于平等之地，人各滥用其无限之权，挟怀私见。"下一代的李大钊在一九二一年也大喊："我们所要求的自由，是秩序中的自由，我们所顾全的秩序，是自由间的秩序。"

梁启超和李大钊能想象到今天这种情况吗？譬如说，在台湾的民主社会里，黑道用金钱与暴力，用裹胁与利诱，取得地方派系的合作，操纵选举而进入议会，往往成为议长而控制议会。流氓转化为民意代表，监督政府预算。而政府当然包括警察局。

于是荒谬的局面就出现了：鱼肉良民的黑道角头代表"民意"高高在上，除暴安良的警察局长无限委屈地在下等候质询，担心他的预算被议会删减。官兵和强盗，在完全民主合法的操作中，换了位置。

台湾人对自由与秩序之间矛盾而复杂的关系，认识也很低，尤其以被选出来的民主政府为代表。譬如以某某为理由，调查局可以公然宣布将对自己民众设立“忠诚档案”，采取监视。譬如以增加效率为理由，“行政院”可以宣布要发行所谓IC“国民卡”，将民众个人资料、照片、指纹以及控制网络活动的电子签章以数字方式记录在卡片上。这种为了所谓行政效率而罔顾个人隐私权的做法，在任何法制先进的国家和地区里都会使人哗然，激烈抗争不止。在台湾这个刚刚起步的社会里，连一个稍微健全一点的监听法规都还没有成立，简直就没有任何方法可以抵抗政府，或者黑道及商业团体利用政府，在暗中侵犯人民通讯的自由。“行政院”贸然宣布“国民卡”的发行，表示政府官员连自己可能侵犯人民自由的这个基本认识和自觉都没有，实在令人不寒而栗。[①]

当然，跨进二十一世纪的台湾年轻人和我这一代人已经有着明显的不同，他们抬头挺胸、昂首阔步，轻轻松松地面对每天升起的太阳，看起来背上没有任何历史负担。不需要沉重，也无所谓激越。

我们只能希望，他们抱好手里的瓷器，不要让它摔下来粉碎；因为粉碎的时候，下一代又得匍匐在地，从掘泥开始。

只能谦卑地希望。

8

两个世纪的中国知识分子面对的其实是一个问题：西化的问题。

① 此办法并未施行。

十九世纪的改革家显得急迫，但充满自信，改革目标十分坚定。王韬的笔调多么典型：

> ……天时人事，皆由西北以至东南，故水必以轮舟，陆必以火车，捷必以电线，然后全地球可合为一家。中国一变之道，盖有不得不然者焉。不信吾言，请验诸百年之后。

好大的口气啊，王韬。他似乎没有深想：轮舟火车电线将造成产业结构改变，产业结构改变将造成社会结构改变，社会结构改变将瓦解原有的道德架构和文化秩序，道德架构和文化秩序瓦解之后如何重建？

这样要求十九世纪的人当然是不公平的。王韬所面对的是一个牢套在中国旧传统框框里的社会，因此他要达到的只是打破那个框框；打破了之后怎么办，是二十世纪的问题。

胡适说，中国新文化运动的起点是十九世纪的百日维新；如果我们接受这个说法，那么百日维新之后有五四运动的全盘西化，之后有五〇年代的全盘苏化，之后有徐复观等人掀起的新儒家运动，有蒋介石在台湾推行的“中华文化复兴运动”，有钱穆所呼吁的旧文化运动……每一个运动都在寻找答案：西化、苏化、传统化……相对于十九世纪知识分子的笃定，二十世纪的人毋宁说是犹豫的、怀疑的、思索的。殷海光的心情是许多人的心情：

> 我恰好成长在中国的大动乱时代，在这个动乱的时代，中国的文化传统被连根地摇撼着，而外来的观念与思想，又像狂风暴雨一般地冲激而来。这个时代的知识分子，感受到种种思

想学术的影响……无所适从。在这样的颠簸中，每一个追求思想出路的人，陷身于希望与失望、呐喊与彷徨、悲观与乐观、尝试与独断之中。

我个人正是在这样一个大浪潮中间试着摸索自己道路前进的人。在西方生活了二十年的我自己，作为一个微小的典型，距离殷海光三十年，是这么说的：

> 我生来不是一张白纸；在我心智的版图上早就浮印着中国的轮廓。我读万卷书，行万里路，却总是以这心中的轮廓去面对世界，正确地说，应该是西方世界。怎么叫“面对”呢？面对不言而喻含着对抗的意思。一个欧洲人，绝对不会说，他一生下来就“面对”东方文化，因为他的文化两个世纪以来一直是世界的主流，他生下来只有自我意识，没有对抗意识。
>
> 二十世纪的人犹豫、怀疑、思索，不是因为他知道得太少，而是因为他知道得太多；不是因为他西化太浅，而是因为他西化太深。王韬说，“请验诸百年之后”，百年之后，中国——还有非洲、印度、伊斯兰世界——的知识分子发现自己共同的处境：全球化的力量愈大，本土化的欲望也愈高；西化愈深，回归传统的向往也愈强。现代化全球化与民族化本土化两边使劲拉出来的张力，在二十世纪末，成为中国知识分子一个极重要的课题。

如果说，一八九八年的文化精英所思考的是如何走向西方，那么一九九八年的人文知识分子所犹豫所怀疑所思索的是：如何走向自己。

非常艰难，因为，在一百年努力西化的道途中，中国人抛掉了太多自己的东西。究竟抛掉了多少？张之洞的《书目答问》可能提供了一个指标。

这是张之洞在一八七五年为全国“初学者”所开的一个书单。从先秦到当代学术，甚至包括天文几何等所谓新学，总共列了两千两百种书，两千多个作者。《书目答问》流传很广，影响极大。透露给我们的等于是一百年前中国知识分子的“共同知识范畴”（common stock of knowledge）。在这个共同范畴内，从周秦诸子到程朱陆王之学到乾嘉汉学，都是文化人可以指涉运用、彼此沟通辩诘的知识符号。

一百年以后，钱穆为一九七九年的中国“知识分子”“读书人”，开出一个国学书单：《论语》《孟子》《老子》《庄子》《六祖坛经》《近思录》《传习录》。总共七本。

书单开出的同时，钱穆还赶忙强调：后三本，全是白话文！

二十世纪末海峡两岸的知识分子当然也有一个“共同知识范畴”，但是不可否认的，其中很大一部分是支离破碎的存在主义、女性主义、新马克思主义；支离破碎的后现代主义、结构主义与解构主义、后殖民主义与东方主义；更别提支离破碎的达达主义、表现主义、超现实主义、魔幻写实主义。支离破碎来自西方文化的“狂风暴雨”，来自中国传统文化之被“连根地摇撼着”。

张之洞的两千两百部必读的书和钱穆的七部必读的书放在一块儿，再问：这一百年间中国人抛掉了多少自己的东西？

所以，可以回到十九世纪第一个提倡“自改革”的龚自珍。他的名言：“灭人之国，必先去其史；隳人之枋、败人之纲纪，必先去其史；绝人之材，湮塞人之教，必先去其史。”广义的史，也就是国学——自己民族所传承积累的文史哲学。两百年从“自改革”出发、奋力走向西方的漫长道路上，龚自珍大概不曾预见这个历史的悖论：“去其史”者最积极的，竟是中国人自己。

可是，这样一个悖论不正给了二十一世纪的思索者一个新的起点吗？一个与梁启超、王韬时代截然不同、充满挑战的起点？

斯蒂芬·茨威格见证二十世纪大倒退、大黑暗的回忆录，是这样结束的：

> 可是不管怎么说，每一个黑影毕竟还是光明的产儿，而且只有经历过光明和黑暗、和平和战争、兴盛和衰败的人，他才算真正生活过。

9

我在草原上看一团风在白杨树丛那边呼啸来去，翻起白杨的叶子像千千万万金属薄片颤动，簌簌作响。野花开满了山坡，浓香引来白色的粉蝶飘忽上下。几十只乌鸦从麦田里蓦然腾起，像一张张黑伞美丽地撑开。荞麦秆子忍不住麦穗的饱满沉重而塌陷。草原上的风猎猎吹着。

偶然回头，太阳已经姗姗下沉。沉在无边无际的玉米田后面，满天霞色像三月的桃花烂漫，映红了新熟的玉米。

我们的世纪啊。

导读

龙应台，祖籍湖南衡山，一九五二年生于高雄。成功大学外文系毕业，美国堪萨斯州立大学英美文学博士。曾任教于美国纽约市立大学、台湾中央大学等多所院校，并创办有龙应台文化基金会。著有《银色仙人掌：龙应台小说集》《看世纪末向你走来》《我的不安》《野火集》《人在欧洲》《写给台湾的信》《孩子你慢慢来》《干杯吧！托马斯·曼》《百年思索》《面对大海的时候》等多种。

龙应台于二十世纪八〇年代以《野火集》的犀利论述崛起文坛，在当时的威权统治之下，她以充满理想、理念的感性之笔，一针见血，直指台湾威权文化的病灶所在，写出了威权年代苦闷的人心，她的犀利笔调，雄浑文气，兼具匕首之锐、窗口之明，既戳破黑暗，也燃放光亮。回台之后，她除任公职期间之外，依然秉笔直书，以宏大格局、缜细思路，撰述立基于本土而又能放眼寰宇的文化论述，且每每引发舆论关注，为文化领域的跨界论述开拓全新空间，树立了新的里程碑。

《百年思索》这篇文章收于同名的《百年思索》一书，该书计收三十九篇文章，内容遍及文化、人权、政治、性别、民意、知识分子等议题，因此此文具有总绾全书论旨之用。本文以二十世纪东西方文化的差异和未来共同价值的追求为主题，雄辩滔滔，细数东西方知识分子的百年思索，畅论本土化与全球化过程中知识分子如何走出困局，既见作者之博学多识，也见理路和思考逻辑之缜密，至于结构的宏伟、文气之雄浑，则其余事也。

——向阳

我 在

张晓风

记得是小学三年级，偶然生病，不能去上学。于是抱膝坐在床上，望着窗外寂寂青山、迟迟春日，心里竟有一份巨大幽沉至今犹不能忘的凄凉。当时因为小，无法对自己说清楚哪番因由，但那份痛，却是记得的。

为什么痛呢？现在才懂，只因你知道，你的好朋友都在那里，而你偏不在，于是你痴痴地想，他们此刻在升旗吗？他们在操场上追追打打吗？他们在教室里挨骂吗？他们到底在干什么啊？不管是好是歹，我想跟他们在一起啊！一起挨骂挨打都是好的啊！

于是，开始喜欢点名，大清早，大家都坐得好好的，小脸没有开始脏，小手还没有汗湿，老师说：

“×××。”

“在！”

正经而清脆，仿佛不是回答老师，而是回答宇宙乾坤，告诉天地，告诉历史，说，有一个孩子“在”这里。

回答“在”字，对我而言总是一种饱满的幸福。

然后，长大了，不必被点名了，却迷上旅行，每到山水胜处，总想举起手来，像那个老是睁着好奇圆眼的孩子，回一声：

“我在。”

我在，和“某某到此一游”不同，后者张狂跋扈，目无余子，而说“我在”的仍是个清晨去上学的孩子，高高兴兴地回答长者的问题。

其实人与人之间，或为亲情或为友情或为爱情，哪一种亲密的情谊不是基于我在这里，刚好，你也在这里的前提？一切的爱，不就是“同在”的缘分吗？就连神明，其所以为神明，也无非由于“昔在、今在、恒在”以及“无所不在”的特质。而身为一个人，我对自己“只能出现于这个时间和空间的局限”感到另一种可贵，仿佛我是拼图板上扭曲奇特的一块小形状，单独看，毫无意义，及至恰恰嵌在适当的时空，却也是不可少的一块。天神的存在是无始无终浩浩莽莽的无限，而我是此时此际此山此水中的有情和有觉。

有一年，和丈夫带着一团年轻人到美国和欧洲去表演，我坚持选崔颢的《长干行》作为开幕曲，在一站复一站的陌生城市里，舞台上碧色绸子抖出来粼粼水波，唐人乐府悠然导出：

君家何处住
妾住在横塘
停船暂借问
或恐是同乡

渺渺烟波里，只因一错肩而过，只因你在清风我在明月，只因彼此皆在这地球，而地球又在太虚，所以不免停舟问一句话，问一问彼此隶属的籍贯，问一问昔日所生，他年所葬的故里，那年夏天，我们也是这样一路去问海外中国人的隶属所在啊！

一九八三年九月二十四日我到香港教书，翌日到超级市场去买些日用品。只见人潮涌动，米、油、罐头、卫生纸都被抢购一空。当天港币与美金的比例跌至最低潮，已到了十与一之比。朋友都替我惋惜，因为薪水贬值等于减了薪。当时我站在十四年后一九九七的阴影里，望着快被搬空的超级市场，心里竟像疼惜生病的孩子一般地爱上这块土地。我不是港督，不是黄华，左右不了港人的命运。但此刻，我站在这里，跟异域的中国人在一起。他们没有国家，九十年来此处只是殖民地，但他们仍然缔造了经济上的奇迹。而我，仍能应邀在中文系里教古典诗，至少有半年的时间，我可以跟这些可敬的同胞并肩，不能做救星，只是“在一起”，只是跟年轻的孩子一起回归故国的文化。一九九七，香港的命运会如何？我不知道，只知道曾有一个秋天，我在那里，不是观光客，是“在”那里。

《圣经·旧约》里记载了一则三千年前的故事，那时老先知以利加拿因年迈而昏聩无能，坐视宠坏的儿子横行。小先知撒母耳却仍是幼童，懵懵懂懂地穿件小法袍在空旷的大圣殿里走来走去。然而，事情发生了，有一夜他听见轻声呼唤：

“撒母耳！”

他虽渴睡却是个机警的孩子，跳起来，便跑到老以利加拿面前：

“你叫我，我在这里！”

“我没有叫你，”老态龙钟的以利加拿说，“你去睡吧！”

孩子去躺下，他又听到相同的叫唤：

“撒母耳！”

“我在这里，是你叫我吗？”他又跑到以利加拿跟前。

“不是，我没叫你，你去睡吧。”

第三次他又听见那召唤的声音，小小的孩子实在给弄糊涂，但他仍然尽快跑到以利加拿面前。

老以利加拿蓦然一惊，原来孩子已经长大了，原来不是小孩子梦里听错了话，不，他已听到第一次天音，他已面对神圣的召唤。虽然他只是一个稚弱的小孩，虽然他连什么是“天之钟命”也听不懂，可是，旧时代毕竟已结束，少年英雄会受天承运挑起八方风雨。

“小撒母耳，回去吧！有些事，你以前不懂，如果你再听到那声音，你就说：‘神啊！请说，我在这里。’”撒母耳果真第四度听到声音，夜空烁烁，廊柱耸立如历史，声音从风中来，声音从星光来，声音从心底的潮声中来，来召唤一个孩子。撒母耳自此至死，一直是个威仪赫赫的先知，只因多年前，当他还是稚童的时候，他答应了那声呼唤，并且说：“我，在这里。”

我当然不是先知，从来没有想做“救星”的大志，却喜欢让自己是一个“紧急待命”的人，随时能说“我在，我在这里”。

这辈子从来没喝得那么多，大约是一瓶啤酒吧，那是端午节的晚上，在澎湖的小离岛。为了纪念屈原，渔人那一天不出海，小学校长陪着我们和家长会的朋友吃饭，对于仰着脖子的敬酒者你很难说“不”。他们喝酒的样子和我习见的学院人士大不相同。几杯下肚，忽然红上脸来，原来酒的力量竟是这么大的。起先，那些宽润黧黑的脸不免有一份不自觉的面对台北人和读书人的卑抑，但一喝了酒，竟人人争着说起话来，说他们没有淡水的日子怎么苦，说淡水管如何修好了又坏了，说他们宁可倾家荡产，也不要天天开船到别的岛上去搬运淡水……

而他们嘴里所说的淡水，从台北人看来也不过是咸涩难咽的怪味水罢了——只是于他们却是遥不可及的美梦。

我们原来只是想去捐书，只是想为孩子们设置阅览室，没有料到他们红着脸粗着脖子叫嚷的却是水！这个岛有个好听的名字，叫乌屿，岩岸是美丽的黑得发亮的玄武石组成的。浪大时，水珠会跳过教室直落到操场上来，澄莹的蓝波里有珍贵的丁香鱼，此刻餐桌上则是酥炸的海胆，鲜美的小管……然而这样一个岛，却没有淡水……

我能为他们做什么？在同盏共饮的黄昏，也许什么都不能，但至少我在这里，在倾听，在思索我能做的事……

读书，也是一种“在”。

有一年，到图书馆去，翻一本《春在堂笔记》，那是俞樾先生的集子，红绸精装的封面，打开封底一看，竟然从来也没人借阅过，真是“古来圣贤皆寂寞”啊！心念一动，便把书借回家去，书在，春在。但也要读者在才行啊，我的读书生涯竟像某些人玩“碟仙”，仿佛面对作者的精魄。对我而言，李贺是随召而至的，悲哀悼亡的时刻，我会说：“我在这里，来给我念那首《苦昼短》吧！”念“吾不识青天高，黄地厚，唯见月寒日暖，来煎人寿。”读那首韦应物的《调笑令》的时候，我会轻轻地念“胡马，胡马，远放燕支山下，跑沙跑雪独嘶，东望西望路迷，迷路，迷路，边草无穷日暮”，一面觉得自己就是那从唐朝一直狂驰至今不停的战马，不，也许不是马，只是一股激情，被美所迷，被莽莽黄沙和胭脂红的落日所震慑，因而思绪万千，不知所止的激情。

看书的时候，书上总有绰绰人影，其中有我，我总在那里。

《旧约·创世记》里，堕落后的亚当在凉风乍至的伊甸园把自己藏匿起来。上帝说：

“亚当，你在哪里？”

他噤而不答。

如果是我，我会走出，说：

“上帝，我在，我在这里，请你看着我，我在这里。不比一个凡人好，也不比一个凡人坏，有我的逊顺祥和，也有我的叛逆凶戾，我在我无限的求真求美的梦里，也在我脆弱不堪一击的心性里，上帝啊，俯察我，我在这里。”

我在，意思是说我出席了，在生命的大教室里。

几年前，我在山里说过的一句话容许我再说一遍，作为终响：

“树在。山在。大地在。岁月在。我在。你还要怎样更好的世界？”

你要做什么

张晓风

1

咖啡初沸，她把自烘的蛋糕和着热腾腾的香气一起端出来，切成一片片，放在每个人的盘子里。

“说说看，”她轻声细气，与她一向女豪杰的气势大不一样，“如果你可以选择，你想要做什么？”

（可恶！可恶！这问题其实是问不得的，一问就等于要人掀底，好好的一个下午，好好的咖啡和蛋糕，好好伫立在长窗外的淡水河和观音山，怎么偏来问这种古怪问题！）

她掉头看我，仿佛听到我心里的抱怨。

（好几个月后，看到她日渐隆起的圆肚子，我原谅她了，怀抱一团生命的女人，总难免对设计命运有点兴趣。）

“我——一定得做人吗？”我嗫嚅起来。

“咦？”她惊奇地搅着咖啡，“好吧！不做人也行！那你要做什么？

做小鸟吗？”

“老实说，”我赖皮，“‘选择’这件事太可怕，‘绝对自由’这件事我是经不起的，譬如说，光是性别，我就不会选——只这一件事就可以把我累死。”

我说完，便低下头去假装极专心吃起蛋糕来。

然而，我是有点知道我要做什么的……

2

行经日本的寺庙，每每看到一棵小树，远看不真切，竟以为小树开满了白花。走近看，才知道是素色纸签，被人打了个结系在树枝上的。

有人来向我解释，说，因为抽到的签不够好，所以不想带回家去，姑且留在树上吧！

于是，每经一庙，我总专程停下来，凝神看那矮小披离的奇树，高寒地带的松杉以冰雪敷其绿颜，温带的花树云蒸霞蔚一副迷死人不偿命的意味，热带的果树垂实累累，圣诞树下则有祝福与礼物万千——然而世上竟有这样一株树，独独为别人承受他自己不欲承受的命运。

空廊上传来击鼓的声音和击掌的声音，黄昏掩至，虔诚礼拜的人果然求得他所祈望的福禄吗？这世上抽得到上上签的能有几人呢？而我，如果容我选择，我不要做“有求”的凡胎，我不要做“必应”的神明，钟鸣鼓应不必是我，缭绕花香不须是我，我只愿自己是那株小树，站在局外，容许别人在我肩上卸下一颗悲伤和慌惴的心。容许他们把不祥的预言，打一个结，系在我的腕上，由我承当。

3

“遥怜故园菊，应傍战场开”，岑参诗中对化为火场灾域的长安城有着空茫而刺痛的低喟。但痛到极致，所思忆的竟不是人，不是瓦舍，甚至不是宫廷，而是年年秋日开得黄灿灿的一片野菊花。

我愿我是田塍或篱畔的野菊，在两军决垒时，我不是大将，不是兵卒，不是矛戈不是弓箭，不是鲜明的军容，更不是强硬动听的作战理由——我是那不胜不负的菊花，张望着满目的创痕和血迹，倾耳听人的呻吟和马的悲嘶，企图在被朔风所伤被泪潮所伤被令人思乡的明月所伤的眼睛里成为极温柔极明亮的一照面。在人世的惨凄里，让我是生者的开拔号，死者的定音鼓。

4

“黄帝之史仓颉见鸟兽蹄迒之迹……初造书契”，我愿我是一枚梅花鹿或野山羊的蹄痕，清清楚楚地拓印在古代春天的原隰上，如同条理分明的版画，被偶然经过的仓颉看到。

那时是暮春吗？也许是初夏，林间众生的求偶期，小小的泥径间飞鸟经过，野羌经过，花豹经过，蛇经过，忙碌的季节啊，空气里充满以声相求和以气相引的热闹，而我不曾参与那场奔逐，我是众生离去后留在大地上的痕迹。

而仓颉走来，傻傻的仓颉，喜欲东张西望的仓颉，眼光闪烁仿佛随时要来一场恶作剧的仓颉，他其实只是一个爱捣蛋的大男孩，但因本性憨厚，所以那番捣蛋的欲望总是被人一眼看破。

他急急走来，是为了贪看那只跳脱的野兔？还是为了迷上画眉的短歌？但它们早都逃远了，他只看到我，一枚一枚的鸟兽行后的足印。年轻的仓颉啊，他的两颊因急走而红，他的高额正流下汗珠，他发现我了，那些直的、斜的、长的、短的线条，以及那些点，那些圆。还有，他开始看到线与线之间的角度，点与点之际的距离。他的脸愈发红起来，汗愈发奔激，他懂了，他懂了，他忘了刚才一路追着的鹤踪兽迹，他大声狂呼，扑倒在地，他知道这简单的满地泥痕中有寻不尽的交错重叠和反复，可以组成这世上最美丽的文字，而当他再一次睁开不敢完全置信的眼睛，他惊喜地看到那些鹿的、马的、飞鸟的、猿猴的，以及爬虫类的痕迹——而且，还更多，他看到刚才自己因激动而爬行的手痕与足印。

我愿我是那年春泥上生活过的众生的记录，我是圆我是方我是点我是线我是横我是直我是交叉我是平行我是蹄痕我是爪痕我是鳞痕我是深我是浅我是凝聚我是散。我是即使被一场春雨洗刷掉也平静不觉伤悲，被仓颉领悟模仿也不觉可喜的一枚留痕。

可爱的仓颉，他从痕迹学会了痕迹，他创造的字一代一代传下来，而所有的文字如今仍然是一行行痕迹，用以说明人世的种种情节。

我不做仓颉，我做那远古时代春天原野上使仓颉为之血脉贲张的一枚留痕。

5

日本有一则凄艳的鬼故事，叫《吉备津之釜》（取材自《牡丹灯记》），据说有个薄幸的男子叫正太郎，气死了他的发妻，那妻子变成厉鬼来索命。有位法师可怜那人，为他画了符，贴在门上，要他七七四十九天不要出来，自然消灾。厉鬼在门外夜夜訾骂不绝，却不敢进来。及至四十八天已过，那男子因为久困小屋，委顿不堪，深夜隔户一望，只见满庭乍明，万物澄莹，他奋然跳出门去，却一把被厉鬼揪住，不是已满了四十九天吗？他临死还不平愤愤，但他立刻懂了，原来黎明尚未到来，使他误以为天亮而大喜的，其实只是如水的月光！

读这样的故事，我总无法像道学家所预期的把“好人”“坏人”分出来，佛经上爱写“善男子”“善女人”，生活里却老是碰到“可笑的男子”和“可悲的女人”。连那个法师也是个可悯可叹的角色吧？人间注定的灾厄劫难岂是他一道悲慈的符咒所化解得了的？如此人世，如此爱罗恨网，吾谁与归？我既不要做那薄幸的男子，更无意做那衔恨复仇的女子，我不必做那徒劳的法师，那么我是谁呢？其实这件事对我而言，一点也不困难，在读故事的当时，我毅然迷上那片月光，清冷绝情，不涉一丝是非，倘诗人因而堕泪，胡笳因而动悲，美人因而失防，厉鬼因而逞凶，全部一概不关我事。我仍是中天的月色，千年万世，做一名天上的忠恳的出纳员，负责把太阳交来的光芒转到大地的账上，我不即不离，我无盈无缺，我不喜不悲，我只是一丸冷静的岩石，遥望着多事多情多欲多悔的人世。

世上写月光的诗很多，我却独钟十三世纪时日本僧人西行所写的一首和歌。那诗简直不是诗，像孩童或白痴的一声半通不通的惊叹，如果直译起来，竟是这样的：

明亮明亮啊
明亮明亮明亮啊
明亮明亮啊

明亮啊明亮明亮

明亮明亮啊——月亮

别人写月光是因为说得巧妙善譬而感人，西行的好处却在笨，笨到不会说了，只好愣愣地叫起来，而且赖皮，仿佛在说：“不管啦，不管啦，说不清啦，反正很亮就对啦！你自己来看就知道。”

如果我真可选择，容许我是月，光澈绝艳使人误为白昼的月，明坦浩荡，使西行为之痴愚而失去诗人能力的月。

6

小时候，听人说：“烧窑的用破碗。”蒙蒙然不知道是什么意思。

渐渐长大才知道世界竟真是如此，用破碗的，还不只是窑户哩！完美的瓷，我是看过的，宋瓷的雅拙安详，明瓷的夸富斗艳都是古今不再一见的绝色了，然而导游小姐常冷静地转过头来，说：

“这样一件精品，一窑里也难得出一个啊，其他效果不好的就都打烂了！”

大概因为是官窑吧？所以惯于在美的要求上大胆越分，才敢如此狂妄地要求十全十美，才敢于和造化争功而不忌讳天谴。宫里的瓷器原来也是如此“一将功成万骨枯”啊！我每对着冷冷的玻璃，看那百分之百的无憾无瑕，不免微微惊怖起来，每一件精品背后，都隐隐堆着小冢一般的尖锐而悲伤的碎片啊！

而民间的陶瓷不是如此的，民间容器不是案头清供，它总有一定的用途。一只花色不匀称的碗，一把烧出小疙瘩的酒壶都仍然有生存权，只因为能用。凡能用的就可以卖，凡能卖的就可以运到市场上去，每次窑门打开，一时间七手八脚，便忽然搬空了。大约是世上最懂得炎凉滋味的一位了，从极热闹极火炽到极寂寞极空无——成器的成器，成形的成形，剩下来的陶匠和空窑，相对峙立，仿佛散戏后的戏子和舞台，彼此都疑幻疑真起来。

设想此时正在套车准备离去的陶瓷贩子忽然眼尖，叫了一声：

“哎！老王呀，这只碗歪得厉害呀，你自己留下吧！拿去卖可怎么卖呵，除非找个歪嘴的买主！”

那叫老王的陶匠接过碗来，果真是个歪碗哩！是拉坯的时候心里惦着老母的病而分了神吗？还是进窑的时候小幺儿在一边吵着要上学而失手碰撞了呢？反正是只无可挽回的坏碗了，没有买主的，留下来自己用吧！不用怎么办？难不成打破吗？好碗自有好碗的造化，只是歪碗也得有人用啊！

捏着一只歪碗的陶匠，面对着空空的冷窑，终于有了一点落实的证据——具体而微温，仿佛昨日的烈焰仍未褪尽。

在满窑成功完好的件头中，我是谁？我只愿意是那只瑕疵显然的歪碗啊！只因残陋，所以甘心守着故窑和故主，让每一个标价找到每一个买主，让每一种功能满足每一种市场，而我是眷眷然留下来的那一只，因为不值得标价而成为无价。

成年后读梅尧臣写瓦匠的诗：

陶尽门前土
屋上无片瓦
十指不沾泥

鳞鳞居大厦

张俞写蚕妇的诗也类似：

昨日入城市
归来泪满巾
遍身罗绮者
不是养蚕人

原来世事多半如此吗？一国之中，最优秀的人才注定只供外销吧？守着年老父母的每每是那个憨愚老实的儿子。如果这是一个瓦匠买不起瓦的世界，我只愿是低低的茅檐，（英雄豪杰或能鼎革造势，而我不能。）为那老瓦匠遮蔽一冬风雪。如果蚕妇无法拥有罗绮，我且去作一袭黯淡发白的老布衣，贴近她愤愤不平的心胸。至于那把一窑的碗盘都卖掉的陶匠，我便是他朝夕不舍的歪碗，或啜水，或饮粥，或注酒，或服药，我是他造次颠沛中的相依。他或者不知道，或者并不知道，或者感激，或者因物我归一也并不甚感激，我却因而庄严端贵如同唐三藏大漠行脚时御赐的紫金盂。

7

很少有故事像《甘泽谣》中的《三生石上》那样美丽：

是春日的清晨吧？一妇人到荆江上峡汲水，她身着一件美丽的织锦裙，在一注流动的碧琉璃前面伫步。阳光烁金，她也为自己动人的倒影而微怔了，是因骀荡的春风吗？是因和暖的春泥吗？她一路行来几若古代的姜嫄，竟有着一脚踏下去便五内皆有感应的成孕感觉。她想着，为自己的荒唐念头而不安，当即一旋身微蹲下去，丰圆的瓦瓮打散满眼琉璃，一霎间，华丽的裙子膨然胀起，使她像足月待产的妇人，陶瓮汲满了，她端然站直，裙子重又服帖地垂下，她回身疾行的风姿华艳流铄，有如壁画上的飞天。

而那一切，看在一个叫圆观的老僧眼里，一生修持的他忽然心崩血啸，如中烈酒，但他的狂激却又与平静宁穆并起，仿佛他心中一时决堤，涌进了一大片海，那海有十尺巨浪，却也有千寻渊沉。他知道自己爱上这女子了，不，也许不是爱那不知名不知姓的女子，只是爱这样的人世，这样的春天，春天里这样的荆江上峡，江畔这样的殷勤如取经的汲水，以及负瓮者那一旋身时艳采四射的裙子。

“看到那汲水的妇人吗？”老僧转身向他年轻的友人说，“我要死了，她是我来世的母亲。”圆观当夜就圆寂了，据说十二年后，他的友人在杭州天竺寺外看到一个唱着《竹枝词》的牧童，像圆观……

世间男子爱女子爱到极致便是愿意粉身立断的吧？是渴望舍身相就如白云之归岫如稻粒之投春泥的吧？老僧修持一世，如果允许他有愿，他也只想简简单单再投生为人，在一女子温暖的子宫中做一团小小的肉胎。是这样的春天使他想起母亲吗？世上的众神龛中最华美神圣的岂不就是容那一名小儿踞坐的子宫吗？

而我是谁呢？我不是那负瓮汲水的女子，我不是那修持一世的老僧，我只是那系在妇人腰上的长裙，与花香同气息，与水纹同旋律，与众生同繁复的一条织锦裙，我行过风行过大地，看过真情的汩急，见证前生后世的因缘——而我默无一言，我和那女子因一起待孕和待产而鲜艳美丽，我也在她携着幼儿的手教他举步时逐渐黯然甘心的败旧。我是目击者，我是不忘者，我恒愿自己是那串珠的线，而不是那明珠。

8

“你们想好了没有？”美丽的女主人把咖啡一饮而尽，“我想好了，如果要我自己选择，我要做一个会唱歌的人。”

而我笑笑，走开，假装去看窗外仰天的观音山，以及被含衔着的落日。我不能告诉她，她的性格里有种穷追不舍的蛮横，如果我告诉她，她一定会叫起来，追根究底地问道：

“为什么？为什么？为什么你不肯是人？为什么你在回避？人生的掷骰大赌场里你不下注吗？你既不做庄家，又不肯做赌双数或是单数的赌徒，你真的如此超然吗？”

因为知道她要这样问我，所以干脆不说，让她无从问起。但逃不掉的，我自己终于这样问起自己来。然后，我发现我对自己耐心地解释起来。

记得不久以前在香港教书，有一天去买了幅手染的床罩，是大陆民间的趣味。我把它罩在床上，一个人发呆发痴地看个不停。到了晚上该睡觉了，我竟睡不着，在沙发上靠靠，在桌边打个盹儿，也就混过去了，只因舍不得掀开啊，那么漂亮那么迷死人的东西啊！这样弄了一个礼拜，忽然读到朋友蒋勋的文章，提到民间杨柳青的年画，年年都要换新的，他的结论竟说连美也是不可沉陷不可耽溺的。我看了大为佩服，见面的时候我说：“真佩服你啊！能不耽美，我就做不到！”他笑起来：“老实说，我也做不到，你当那些话是说给谁听的？就是说给我自己听的！”

我又猛然想起有一次看伯格曼的电影，其中一个小丑有难，有人好心引述良言劝慰他，他哭笑不得，反讥了一句：

“朋友，你真幸福——因为你说的话，你自己都相信。”

原来，所有的话，都是说给自己听的——说给或相信或不相信的自己听的——希望至少能让自己相信自己所说的话，我之所以想做树，想做菊，想做一枚蹄痕，想做月，想做一只残陋的碗，甚至是一条漠然不相干的裙子，不是因我生性超然，相反的是因为我这半生始终是江心一船，崖边一马，“船到江心马到崖”，许多事已不容回头，因而热泪常在目，意气恒在胸，血每沸扬，骨每呜呜然中宵剑鸣。这样的人，如果允许我有愿，我且劝服我自己是江上清风，是石上苔痕，我正试着向自己做说客，要把自己说服啊！至于我听不听自己的劝告，我也不知道啊！

导读

张晓风，另有笔名晓风、桑科等，一九四一年生于浙江金华，江苏省铜山县人。东吴大学中文系毕业，曾任教于东吴大学、香港浸会学院、阳明大学。曾获中山文艺奖、吴三连文艺奖、《中国时报》文学奖散文推荐奖、《联合报》文学奖、洪建全儿童文学奖等奖项。张晓风的创作跨越散文、小说、剧本、儿童文学等四个文类，著作近四十部。著有散文集《愁乡石》《步下红毯之后》《你还没有爱过》《再生缘》《我在》《从你美丽的流域》《这杯咖啡的温度刚好》《你的侧影好美！》等。

《我在》选自《我在》，《你要做什么》选自《从你美丽的流域》。张晓风擅长从日常生活中发掘为人习焉而不察的小事，重新发现新的意义，提升出生活 / 生命的哲理。《我在》从“不在”开始逆向思考“在”的意义，从个人延伸到全体生命的提问，层层推进，进而获得肯定当下即是存在的定论。《你要做什么》亦是从喝下午茶的寻常小事起头，思考“人的存在意义”，“你要做什么”因此成为大哉问。这两篇散文成功演绎了“散文是生活的折射”这一知易写难的常识。“折射”不等同于反射，它意味着寻常 / 琐碎事件必须经过创作者的加工和提炼，也即艺术性的锤炼，这往往也是好散文和坏散文的关键。

——钟怡雯

第二章　致万物的敬仰

树是云的影子，山是海的草帽，所有生命都有定义，都有灵魂。

自然的悸动

杨牧

是这样一种自然的悸动，流过春来的大地；是这样一种淡淡的悲哀，充满无言的树林。我们同去吧，当清晨的露水还冰凉地沾在初醒的草上，当教堂的钟声初奏，天门轰然开启，我们走出这阴暗的屋角——为什么不去？去接近自然，在默默中让我们一起去体认它的奥秘。

我们不必叹息。我们出去：用微笑，坦然把胸怀对着大地，对着自然，鸟啭，鱼喋，树叶如何沙沙摇动，水流如何悠悠逝去。就是这些，这些是属于我们的，我们拭干了泪，抬头看云彩在高大的树干间游动。我们要认识这世界，不是让世界来认识我们。

山上多雾，初去时常觉得一种渺茫的寂寞。轻轻的雾就如轻轻的愁。面对虚空，凄愁却自你四周升起，冉冉的，像那不由自主的睡眠。我常爱推开窗子看树，屋外是一片草地，是一个坡，几棵大树立在当中，像神话中的世界，是你恩底弥翁[①]的世界。那圣坛所在的地方，也许不是

① 恩底弥翁：希腊神话中的美男子，牧羊人。恩底弥翁与月亮女神塞勒涅相恋，最后恩底弥翁处于长眠，永葆青春，每夜在睡梦中与塞勒涅相会。

我那时推窗看到的。雾气在金色的阳光中淡淡地溜散，但不必惋惜。明早，只要你早起，推开窗，你仍然可以看到它，也许更浓，也许淡些，但它恒在，它是你最好的友人。

是的，“自然”是你最好的友人。它永远忠于你，伺候着你：只要你愿意亲近它，只要你把真诚给它，它就是你的朋友，永远与你同在。雾是准时出现的，只要你不赖在床上，雾永远是那么准时，你张开眼睛，拉开窗帘，打开窗子，它就乖巧又幽怨地立在那儿，轻轻地向你道早安，你要善待它，因为它是雾，雾是自然最精致的化身；朦胧，轻盈，无声，永远的美。

在那山上，当冬天来的时候，霜是稀有的，除非温度下降，你只能每天与雾在一起。夜里路灯在白纱中照着，像一张淡墨画，你心里忖度：明日必是个好天。

是的，尤其在这冬季的末尾，风已经渐渐小了，天也慢慢暖和了，早晨往往是金阳满地的，你如爱温暖，可以走出去，去到山坡上徜徉，你不必带书，更不要同伴，因为那是可贵的单独。一个人一生中有多少机会能“单独”下来呢？单独可以思索，而思索的时候，人才能完完全全地面对自己。

看潮时不妨有个伴儿，在澎湃的惊涛下，如你有一个伴，必不至于觉得自己是太渺小的——在潮音下，你的伴儿也不会愚蠢得想对你说些什么，彼此都能静下来。可是有些时候你是应该设法单独的，譬如散步，走入树林中去，这树林不必太大，树木也不必太老，但必须有一条小路——而且只有那么一条小路——可以让你沿着它走。当然，你也不必有什么目标，只要你爱，寒冷算不了什么。起得早，披件厚绒的外衣，你会在冷雾和逐渐加深的阳光下发现人生的乐趣。你知道，在那山上，我已经享够那种乐趣。

人总是幻想的。只是幻想的畛域不同。有人幻想权力，有人幻想财富——但我们宁可有一片干净的土地，我不愿再说神祇的坏话了，但我深信乐园不在彼岸。那叆叇的云朵，无边的夕照在波涛上辉煌：流水的奔流，石头间迸生的野草，唱歌的星子，和永远不变的河汉！除非你欺骗自己，你就不难在这天地间参悟点乐园的情趣来。

山居的日子，我学到许多梦想不到的好处。我原怕那儿的凄清和寂寞会侵蚀我的灵魂；相反的，我慢慢发现它们并不可怕。“它们怕我！”生的欲望不只是活下去的欲望——有时我深夜不眠是我内心中升起了一种热力，一种波浪不停地汹涌。我要捉住时间，不愿让时间支配我。几年来我的心悸是对时间的心悸。

回头看窗外，正有一群羊低头在地上吃草，那山居的日子啊！草枯了，它们依然逡巡不去。这神话的美景，不必由我来说给你听，你便在那世界里。

最后的狩猎

杨牧

你要不要我说个故事呢？也许也不该说那是“故事”，它不是故事，是永远震颤我心弦的低微的音响，它在我灵魂的深处跳动，压迫我，提醒我，戕害我；它却使我永远保有一份“形而上”的自觉和恐惧——也许就借着这份洪荒的自觉和恐惧，我到今天还活着，还写着：幻想的深度，悲郁的云层。

你多么向往那中世纪仙子和魅魉的传说，伟大阴森的城堡，飘飘不已的冷风，褪色破碎的长旗，护城的深河，磨坊里的老巫婆，抄写古籍的僧侣。那些是你的中世纪，醇得像“地窖里的美酒”，醉得倒一个多世纪爱伤感的男女；也醉倒我——我是一个从小读孔子孟子，长大读老子庄子，崇拜莎士比亚和艾略特的中国人，你的向往居然醉倒了我，你相信吗？

所以我也要说一个故事给你听，在这么冷的冬天，在你埋进罗马的土地以后这么久的一个冬天，我要说个让你回忆到你的向往和憧憬的故事。我一直把它埋在我心中，一直到去年秋末。

你知道我来自一个岛屿的东部山区——那儿有马来族的一支的土

著，也有迟来的汉人。本来土著是很乐天的，他们在那个山区和纵谷里狩猎，打鱼，跳舞，牧牛，饮酒，种植并收获，他们快乐，整个地区的高山和深海都属于他们。他们可以在一个特殊的节辰里，全村出动，扶老携幼到一个河边去摸蚌，在河岸上唱歌，把小孩放在沙地上堆土游戏，大人脱衣下水去，傍晚抬头看天，该回去了，还有一段路要走呢——到镇上去把蚌卖给汉人，哦，不是卖，就换几斤米酒吧，驱着牛车，带回荒村去。他们乐天，喜欢歌唱，却不会储蓄。

日子那样下去，直到文明把他们驱逐到高山去；他们体认到大自然的酷寒和残忍。离开平地，离开水源充沛的稻田，往山上迁徙；在谷边，在林沿，用双手单斧砍树，搭下简陋的茅屋，升起火来，度过冬天，迎接春天，提着弓箭，带领十六岁的儿子，到深山去打猎花鹿和凶猛的野猪；运气好的话，一星期过去了；若是厄难到时，往往是做父亲的绝望地把未成年的儿子鲜血淋淋的尸体背回小屋，可怜的母亲，就在山崖下，用古老的树头，掘开一个洞，把那苦难的灵魂交付蛮荒的神祇——霜露，淫雨，冷雾，烈日，暴风。日子是这样流淌的，活着是为了冒险？是为了挑战？不，是为了应战，面对巨山的鬼灵应战。

啊，我要说的不是这个，我要说的是一个灵魂的召唤的故事；一个故事，是的，去年秋末，我说过一次。一个说：

“那是表现主义的剧本；我做不到——我最多只能写实，我的剧本只能到荒村野店里找材料。我不能到山上去，我不了解，更不懂山的召唤。”他是了解哥德史密斯的，诗人，你记得哥德史密斯的《荒村》[①]吗？

---

① 哥德史密斯（Oliver Goldsmith, 1728—1774），英国诗人、剧作家、小说家，《荒村》（The Deserted Village）是其 1770 年出版之诗集。

我的朋友也能叙述一个类似的故事；可惜他不了解山，不了解那山群环抱的东部地区有多少恐怖的灵魂在啜泣，在呐喊，在呼唤——他们永远蛰伏在我的心中。

“我懂，我懂！”我的另一个朋友是诗人。他懂得什么叫恐怖，他了解灵魂，他承认灵魂。那个黑夜，我觉得很冷，就在油灯下说：“你们了解我的意思吗？是灵魂的召唤！”

有那么一个猎人，一个出名的猎人，六年之内猎得上四十头野猪的年轻的猎人，他是整个秀姑峦山最出色的猎人。他的妻子不是阿美族，是汉人——在一次市集里邂逅的汉女，读过书的好幻想的汉女，崇拜英雄；她爱上那个土著，跟他上山，住在最荒僻的山头，那个小屋很美，在瀑布和大树的背后，他们起初生活得很快乐，像天下所有的恋人那么快乐，直到一个雨季，那个悲剧的雨季。

妻子忽然在豪雨里从小屋奔出去，那时我们的猎人正在炉边烤肉，吹着动人的口哨；她狂呼着，往山路上跑去。在豪雨的山里，她的声音一下就被掩住了。

我们的猎人追到悬崖边的时候，她突然疯狂似的跃下无底的深谷，没有征象的死，爱情中的死，没有遗言，仿佛有人引她去，你相信吗？诗人，相信是谁引导她去的？是她的记忆吗？诗人，是她的知识吗？我不知道。

她是我的表姊，就这样说吧，我亲爱的表姊；她有长长的柔软的头发，譬如说，带点黄色，但远看还是很黑很光滑的；她的眼睫毛很长，往上翘起；她的双颊永远桃红。她会用芦草做笛子，编小船；我们曾经一起在小河边放过芦船，有些橘黄色的黄昏，她带我去摸鸟蛋；有些黄昏，她带我去拾稻穗，去甘蔗田里挖蚯蚓……

那年暑假，我终于忍不住，我坐牛车到山里去了，我一直想不通为什么我的表姊会死得那么离奇——那年我十七岁，我刚读过《哈姆雷特》的翻译本，心中藏着太多的悲戚。我的表姊夫永远那么沉默，我去的时候雨季还没有结束。我们吃腌得很好的鹿肉和野猪，还有山鸡和兔子。他非常需要我，我看得出来。我不敢问他表姊的事，他也不说。但我们心中都明白，整个秀姑峦山都在传说这件事。

第四天一早又下雨了，非常猛烈的大雨。我起身的时候，那猎人坐在窗口修理他的弓箭和皮鞋，脸上凝住说不出的烦愁。他太沉默了。我自己烤了一个红薯做早点。等我回到窗口的时候，他已经不见了。柴门推开了，雨大得像瀑布，我心中有一个可怖的预感——虽然前一夜他这样对我说：

“雨季还要持续两个星期，再不出去我们都没有东西吃了。你表姊不在，一切都很不方便。”

这是我们第一次提到表姊，他压制自己的情绪，但那一刹那间，仿佛有一万支箭矢向我们两人的胸膛飞来。我很不安，因为我来了才吃掉他一份粮食。但我又想，假如我不吃，我的表姊也要吃，我吃的是表姊的那一份。他三天没有回来。我每天看着墙上挂的表姊的照片，觉得她的笑是在谴责我，或是谴责她的丈夫，或是谴责她自己。

鬼魅曾经来过，我这样幻想。他两个星期没有回来，雨时停时下，附近的猎人都去寻他，但寻不着他的足印，他们说他简直就是一只熊。那天一个老族人带我出去的时候，他说：我没法相信这种宿命……我们的猎人在他妻子跃身的地点失足滑落深涧。我只好这样说，诗人，宁可相信他是“失足”滑倒。我说他滑倒，我一定要这样说，诗人，原谅我。虽然这样说会污辱到他作为一个伟大猎人的资格，可是我能说他也投崖了吗？他也被山的鬼灵引去的吗？我不敢相信。诗人，我不明白：我只能把故事说到这儿，你会明白，也许你会遇见他，那个短头发的魁梧的汉子，他就是我们的猎人。

我仿佛还在一个噩梦中，每次我说这个故事（我才说了两次），就觉得这是一个梦魇，而我又不能不相信它，我知道，或许是一个呼唤的灵魂宿在那个崖头，嫉妒而暴躁。我离开那山头的时候，雨季已经结束了，父亲来接我，我们离开的时候听到牛角的鸣声，听到猎人围狩的吆喝——我们看到阳光照在山谷的巨岩和森林的梢末，也照在一个新坟上。

导读

杨牧，本名王靖献，一九四〇年生于台湾花莲。东海大学外文系学士、美国爱荷华大学艺术硕士、加州大学柏克莱分校比较文学博士。曾任教于马萨诸塞大学、普林斯顿大学、华盛顿大学。一九八三年回台湾讲学，任台大比较文学所客座教授一年，并曾暂寓香港，为香港科技大学创校人之一。一九九六年回花莲接任东华大学文学院院长，二〇〇一年七月卸任。一五岁开始以笔名“叶珊”发表诗作，三十二岁时改用笔名“杨牧”，一直沿用至今。曾获吴三连文艺奖、中山文艺奖、《中国时报》文学奖推荐奖等诸多奖项。著有诗集、散文集、评论集及翻译作品共三十余部。著有散文集《搜索者》《山风海雨》《方向归零》《昔我往矣》《亭午之鹰》《奇莱前书》。

《自然的悸动》和《最后的狩猎》均选自《叶珊散文集》。叶珊时期的杨牧是浪漫主义者，对叶芝推崇备至，认为他是十九世纪浪漫诗人的神髓。《叶珊散文集》自序里他直率地承认：“科学也没意思，无聊。”要而言之，这时期的散文充满上山下海、上下求索的抒情精神。《自然的悸动》从大自然中思索抽象的美和爱，反抗被时间支配的天真热情，有一种徐志摩似的浪漫和唯美。《最后的狩猎》探索的是自然、死亡和爱。他的表姊嫁给阿美族猎人，最终和丈夫先后葬身山林，这件事对十七岁的叶珊是一次巨大的冲击，他最后把这件事归咎于一种宿命式的神秘呼唤，其态度仍然是浪漫主义式的。

——钟怡雯

相思树

许达然

沿着含羞草，进入相思林，就拥来清新的香丝，抚我的头发，摸我的脸，还拍拍肩，豪放起来甚至要抱。我弯下身躯要躲，树以为我向它们鞠躬，轻柔挽着我，和山交换沉默。

山上相思树是东海大学创校时种的。我们去念书那年，全校八百个学生各可分到一棵，棵棵长得比我略高些。习惯苦旱的树干虽较我瘦，但遒劲伸出枝杈展开碧绿，含蓄夹带些淡黄，婉约排在一起，把荒旷的山装扮得更秀气了。然而相思树美在刚毅，抵挡强风，使我们少吃沙尘。树显然比学生还讨厌墙，总是生意盎然包围一片宁静，悄悄把外界与学校隔离。那时一二年级都要清扫校园，但我们从未照顾过相思林。反正树也不喜欢扫把，只是自然成长，照顾我们。

我尤其喜欢那自然的照顾。偶尔去走走坐坐，从未碰见陌生人。同学并不常去，即使出声念英文也不必顾虑被听到。甚至树听久不耐烦而习习叹气，我也还赖在那里，默记历史事实、社会学名词或法文单词都不怕被看见。字不如叶，不用就掉了，但叶不绿而落下后都还记得生出，一如我的沉思。

树下胡思乱想是完全与学校无关的功课，花了我不少工夫。想象可不见得比叶茂盛。想的即使是广袤的森林，不细看树也就不像什么画。可想的无穷，可走的有限，却也故意不走出相思树。沉闷时雾就弥漫了。朦胧觉得云把天上的抑郁搬到山上缠树，拨不开的迷蒙恍惚是我要推给山的心情。只是阳光浮躁，常慌张来催赶雾，泼下斑驳的影图，都不让我带走。其实我也不愿带走什么，什么都要带，生命可不胜负荷。生活单纯宛然有韵律，连相思都多余；所以那次问树何以被叫作相思这要命的名字,树根本不理,一定以为我这人没有情趣,提出理智答不出的问题。

然而风无聊来找树聊聊时，树就不得不理了。风是山上最顽皮的，不必上课，有空找树玩，玩得连土地也欢欣，透过树发出窸窣声音。风不懂游戏规矩，兴致一来就乱吹，树不同意，咻咻叫着要赶风，激烈争吵后，留下我的缄默，树的相思。

相思不是伞，雨来浇滴滴，滴得树更洒脱了。明知雨后散步会被滴湿也去。不想什么就走着都觉得清爽，仿佛雨已洗掉心灵的尘埃，我也觉得豁朗了。忽然看到一个漏水的鸟巢，比我的拳头还小，不知是什么鸟的，挂在树上多久了。想拿下来瞧瞧，但担心放回的位置不对，使鸟怀疑巢被侵袭过而不敢再住，只看了一下就走了。有一天在雨后的沁凉里，认得一只白头翁，在附近盘旋，我才感到已无端凝望太久了而赶紧走开，好让白头翁回家。我不是鸟，生活却离不开树，就以学校为巢了。

毕业后留在学校。从办公室看出去，相思树就对我微笑，纾解疲劳。其实看书最轻松了，研究才苦。做树的好处是不必研究，上下课的钟声落在叶上也都不必感动。看多了穿梭的学生，也知道有学问还不是那样子。我看书的坏处是没有时间看树，然而偶尔仍把那片绿意拉近，夹在我凝望的焦距与焦虑间。

那天走出焦虑到相思林，树的沉默比我长高了。我没说什么，离开树丛的僻静，踏入社会的风雨。

多年来，偶尔温习山上的那些读书的日子。岁月压不弯的相思树愈老愈美，照顾更多学生了。从前年轻时相隔的叶，现在该已亲密相连，阴翳更浓，情致更深。只是我绿不起来的头发已较稀疏，相思树怕已摸不到了。

去 看 壮 丽

许 达 然

我要欣赏壮丽，朋友带我去岛的南端，因为那里有人，有山林，还有海。

那片海二十五年前看过的。那时大学刚毕业，有很多关怀，一些凝望。要注视生活了二十一年的泥土，去体会濒海的咸苦，结识了琼麻和林投树。它们都是从外地移植来的，爱上贫瘠的沙土后把岛当故乡；林投要留住登陆的风，琼麻可搓成绳。

怀念如绳引我们到垦丁。垦丁的后代早已散开了，留下的树簇拥而来，上千不同难懂的学名抱住一样苍翠的自然。自然我们爬上高处，眺望浓密的绿意，海豪爽接过去给湛蓝伸展。展开的应该浩荡，却赖着台湾电力公司核能三厂，虽吓不跑风可把景挤扁了。

既然为沧森而来，就上佳乐水。水永不疲惫成群涌来要和崖峥嵘，岛都不肯收。水坚持上岸后只得又把自己带去流浪，激成波，荡成涛，拒绝被太阳煮滚，嘹亮倾泻着什么。海大概自从把天倒过来后就蓝得不舒服而滔滔翻腾了。

要接近翻腾，我们下去，到岩礁漫步。砂岩和页岩静默相连的结构，时间冲不走，海水雕刻后还着色。岩礁间，不知名的植物默默生长；岩礁上，不知名的动物默默蠕动，水芫花默默绽放。我们从一块坚硬的沉默走到另一块沉默的坚硬，猜它们的坚硬像床，像桌子，像棋盘，像军舰；说它们的沉默像农夫的肩膀，像粼粼的波纹，也像某些动物的脸，但没有一个像人与猪。不管像什么，海水要爬上来看自己冲洗的成绩；恍惚承认所有的成绩只是沧桑，湍急溜回潋滟时，猛然泼溅，做不了雪，霎时又跳入浪。我们趋前掬起，尝尝海咸咸的激情。随我们高兴，爱怎样表达就想象什么。海水有时不同意，向我们冲击，然后也跟我们笑得很爽朗。

爽朗的还有别地，朋友带我去猫鼻头。岬上看去，心情该是豁达的。想起在我工作的地方，从研究室向外望也有浪涛，但那是湖的。湖再大毕竟被陆地包围，被包围的算什么辽阔呢？即使这海的澎湃也只是表面的起伏而已。底下许多生物自由自主多彩多姿的生活才是丰富的内容。然而海却呼啸着，似乎哀悼珊瑚被核能厂的热废水活活逼死。海也许抗议连鸟都少飞来。没有乡愁的海鸟能飞到哪里？岛上还有未倒下的树林可以栖息，那就飞来吧！设置陷阱迷网的曾表示不再乱抓了。海不相信，仍嘶喊着。

海有岛做伴最高兴了。不知什么时候，这岛浮起神话似的美丽。四五千年前先民已生活，四百年前汉人航海而来，奋斗要建立新社会；但贪婪权力的却压制居民的权利，使要创造的岛处处创伤。一八七七年汉人也来岛的南端开垦。一百年后不是垦丁后代的官僚，未经人民允许就擅造违章建筑，即使陆沉也死要发财发电。然而静观几千年的景致已爱恋台湾，宁是小岛上的一点也不愿是大海中的一片，任海怎样呼唤都不回到水里了。满天惊惶，核能厂的夕照像沾血的怪物增加恐怖。而云翳已抱着太阳栽进海，太阳虽溺不死，黄昏可是够惨的。

那夜，睡不着的海如负伤的巨兽呻吟。只是分不清阵痛是海的清醒还是我们的失眠。

醒后和黎明到沙滩。既不愿乱跑又无嬉浪的心情，我们就走着谈着。我们谈起清流是还有些，要流向广阔的人间，没被踢开，却被垃圾堵塞。我们感慨知识分子蔑视社会意识，社会上一般人流放文化意识。而我们明知政治操纵文化，却仍想结合社会与文化意识，连海都觉得我们太天真而诡谲笑着。

然而有意义的事总要做的。沙滩什么都不做就沉默，海水争着扑来，似乎不要我们的脚印陷入沙滩的沉默，似乎要洗濯陆地上沉默的污秽。所有的汹涌不必注释，我们都按自己的心情去猜。最了解海的莫过于渔夫了。他们的船是航行的孤岛，无依无靠，用生命和海打赌，赌不到鱼无饭吃，打太多鱼价却低。而今单调的马达声切不断海的韵律，或许把鱼吓走了。单调网的一定是鱼苗，朋友说，不远航怎可能网到大鱼？

朋友凝注着海浪，我凝注他深邃眼眸里的波涛，意志昂然，都不交给海，要留在岛上。岛虽窄，可有我们走不破的街路，看不尽的市镇，听不完的乡村，想不厌的人民。岛虽小，但天大海宽，不像溪湖容易被操纵。有海可看的人民应比仅想江山的统治者心胸开朗。在岛上，他比我住得还久，爱得更深。他盯着喧腾，说我们没有理由沉默。一个人离开养育的土地，怎样关怀都落空，再激昂也不过像海，拥向岛都抱不住都被沙滩推开，咕噜着梦呓而已。所有航海的故事，我们仍然熟悉：都是为了回到土地。飞越无情海的据说都是要寻求有情的土地。情，我们不必寻求，地在这里，情就在这里。岛虽窄小，属于岛的心怀可旷达。

再怎样忧虑，仰望可能有希望。然而与其壮志凝视美丽，不如变成被凝视的部分，参与壮举，属于壮丽。

海把豪迈给我，我都带走了。离开垦丁的时候，沙丘上马鞍藤开着花匍匐，核能厂隆起如墓，风嗟叹摇着林投。琼麻已不必再做绳随台湾人远航了。宁守着岛的绿意，看不安宁的海，活泼着什么。

导读

许达然，本名许文雄，台湾台南人，一九四〇年生。东海大学历史系毕业后留校任教。一九六五年赴美深造，先后获得哈佛大学硕士和芝加哥大学博士，并在牛津大学做英国社会经济史研究。

许达然曾以散文集《远方》（一九七八）、《含泪的微笑》（一九七八）饮誉台湾文坛。他深信“文艺是人文精神的重要内容，社会意识的一种表现”。长期累积的文学智慧告诉他，文学是社会事业，是人格与勇气的展示，也是对现实的一种思考与反映。他希望文学是大家生活的一部分，并且“使人生不但美丽也更有意义”。

关于写作，他强调真诚做见证者与批评者，一篇篇的散文是这命题的诠释与实践。他的文学语言注重意匠经营，或利用压缩以饱和词意，或安排特殊的断、连，以增拓想象空间，或变化词性以扩大象征性，或应用对比以强化讽刺。在题材上，他叙述乡土风物，关怀社会，作品时常流露忧患与悲悯。《去看壮丽》与《相思树》

就是最佳的例证。前者是去垦丁欣赏美丽岛的壮丽，透过空间移转，由垦丁、佳乐水、猫鼻头，配合林投、琼麻、马鞍藤、人、山林与海，建构神话般的美丽。不过，忽视民意的政权却在美丽的土地上盖起坟墓般的核能厂，多么不可思议。这鲜明的对比，也隐藏着“寻求有情的土地”之控诉。后者写大肚山上东海大学的相思树，他发现相思树的刚毅美。在校园岁月里，相思树之于他、大家密不可分，树，开碧绿挡强风，默默照顾他以及莘莘学子，他细腻形塑相思树的生命姿态，人树一体。最后，愈老愈美的相思树相对他已较稀疏的头发，尖锐的情境对比，不知不觉地释放许多耐人寻味的讯息。

——林明德

蝉与籁

粟耘

夏天一到，蝉就来了。蝉一来，我们就静不了了。

小院有棵楝树，一个乡老说，蝉最喜欢这种树。

不是吗？只要随意看去，几米长的树枝上，便可以数出十来只蝉，多逡巡两三根枝，轻轻松松地，便可凑合三五十只了，而别的树，像近在咫尺的柳树，像比肩而立的梅树，不过一只两只而已，至于远些的马拉巴栗和榄仁树，我们可懒得找了，因为好像不曾见过它们的踪影。

既数得出来，其实也不能算多的。前些天，一架直升机不知什么缘故，在邻近的空中不断盘旋，声音霸道专横，久久不去，逼得我们几乎他游外避，折腾许久，直升机终于远了，那惊悚之心则似未褪去，有一次不经意从楝树下经过，忽然听到“轰”的一声巨响，还以为直升机又来肆虐呢！心中正苦，抬头看去，却见浓绿的楝树巅猛然射出了漫天箭矢，原来是被我惊吓到的蝉只，正急忙拍翅，四散奔窜，密密麻麻的，不知有多少。想起年幼时，由于居住都会，当时虽不似今日繁喧，但要找蝉也殊不容易，记得有次和同伴拿了捕蝉工具，包括一根尾端沾着柏油的长竹竿和小竹篓，一群人，浩浩荡荡地出窄巷，过大街，到马路对面的深巷里一处旷地，爬上防空洞，站在人家围墙上捕捉高树上的蝉，忙了大半天，也不过三五只而已。不想年纪老大，竟可享儿时不及之梦，不觉莞尔。

我们难得有访客，小院长日清寂，虽然偶尔也会听到一些市声，如汽车与学校和寺庙的广播声，但都有些距离，只有鸟声虽时可闻，然而不但不会吵人，反而可以增添幽趣，可是，夏蝉一来，便像清潭投以巨石，炸得支离破碎。

开始是一只两只的声量，我们是很喜欢的，然后是五只七只，我们也是很喜欢的，若在小院闲叙，可以不受影响，但增加到一二十只，则谈话要断断续续，代之以无言失笑，要是再多些，除非像市集喊价，否则谁也听不清谁说些什么，如果更多，几十上百只，甚至到了满树皆蝉的地步，我们只有掩耳奔逃，躲入屋中的分了。

自从蝉一来，我们生活的重心便转移到它们的身上了。

数蝉听蝉之外，还因为爱看蝉。

蝉静蛰树上的时候，并不像另一个存在，而是树的一凸小疣般，它可以许久许久不动一下，就是放声高鸣，也看不出像公鸡或野狼般的拉长脖子，一副歇斯底里的样子。它是那么笃定、稳重，有着泰山压顶而不为所动的态势。除非它自己想要变换位置，否则，似乎任何力量也无法移动分毫。可是，它一旦要移动了，却又是那么与众不同，至少，我是很诧异的。

所有的动物，不论就本能或喜好，除非有特殊状况，应该都是往前走的。蝉却反其道而行，我曾观察良久，难得见到它们往前移动的；本来蛰伏树上的，移动起来，必然是倒退着走，就是由空中飞来，万一想停的位置正好已被同类盘踞，也是倒退着挪移身子往后走，如果又碰到伙伴了，则再挪一下，换个方向，依旧退步走，不免使我怀疑，它们头上的两粒大眼睛有何作用？比起两片虽然很薄，却足以撑起整个庞大身躯的翅膀来说，真该愧煞！

我每多观察一阵蝉，便愈觉蝉是一种奇妙的动物，大概很少有生物可以像它们那般能够静心养性；那么多只同聚一根枝上，竟可以不相闻问，了无争执，只是各自领受推敲，如入化境，可是，既能如此自体自参，又为什么非得群聚一堂呢？

蝉的生命虽然仅仅二三星期而已，可是，蛰伏土中的成长期据说有的竟达十七年，为了这短短十几天的生命所潜藏的十几年的岁月，是多么坚韧厚实的锤炼啊！我不免会想，换之于人，几人能够？尤其换之于急功近利的今时之人，更是几人能够？难怪，它们出土上枝即要大鸣特鸣，是不是借以纾解长时间的郁结？或是纯为领受空气阳光的歌咏？

蝉盛期早已过了，最不能忍受的，是树下屡见蝉尸，有的翅膀断了，有的脚没了。有的全身长满白霉斑，更有断头碎身，甚至半化成泥的，都让人看了神伤。庄子最能面对现象，也最能超越现实，所以知生命之来去，躯壳之实幻，都是自然过往，所以妻死而能鼓盆歌之，佛家将躯壳喻为臭皮囊，虽然有些过激，倒也真实；只是，知之归知之，行知之间还不一定能够画上等号，每对地上残蝉，心必黯然，遑论其他？

好多天没看到蝉了，可是，还是常觉蝉声盘旋耳际，唧唧之声，不论行坐起卧，无时不来，过了好一阵子，才想到，这原来是以前无日不闻的天籁啊！天籁之美，在于来去随心流转，既不会逼着你领受，也不会率性而去，以前住过闹市，不论车声如何轰隆，绝不掩其响，也到过海边，纵使巨浪拍石，涛声如雷，也不改其音，而夜阑静寂，只要心清念除，它便来和你轻轻伴随，往日山居，常常静得了无声音，只有它，幽幽然，悠悠然，前来关照，似是世间唯一的温慰，但它也不是一味轻言细语的，有时响彻天际，使你无处遁避，事实上也不曾想过要逃离开去，因为它再猛、再急、再响，也不会扰乱你那细微的心音，更且相互参同，使你不受世缚，隐隐然有出世之感。

能将天籁疑似蝉声，心头忽然一喜，莫非不是我的误听，二者之间，果有相通之处？有一次在天籁声中彳亍楝树下，不期然发现枝头真有一只蝉，莫非数日来不断的天籁，真是蝉声耶？可是，怎么可能一连数天，都不需要半点休息的啼鸣不绝呢？

虽然真是许久不见蝉了，楝树上那只最后的蝉影，早已不知去向，只是天籁依旧不止。前两天，有缘往深山一游，海拔虽不高，林树可严密，满眼绿意，也满耳蝉音，虽然不见任何蝉影，但或急或缓，或淡或浓的蝉声，我是那么熟悉而亲切的，不知不觉间，已坐在石椅上闭起双眼，但闻天籁适时响起，与蝉音交织，遂至不能分辨是籁是蝉，更不计是否怡然，是否逼人了，此时身心皆已释放，无由多思，亦无由多感，不是吗？人生而能绿荫为盖，纤尘不到，纵使片刻而已，便是世间至幸，还在乎什么呢？

油 桐 花 祭

粟 耘

油桐花祭终于结束了！

许多年前，我们就住在油桐林里，那是一座山，一座不知名的山。由于别无人居，我们就称之为空山。

空山并不空，单单鸟，蓝鹊、大冠鹫、猫头鹰、红山椒、五色鸟、红嘴黑鹎、竹鸡等，就有四十来种，鸟影、鸟声从来不绝。植物更多，单单竹子，就有麻竹、绿竹、桂竹等，有的一大丛，有的一整行，有的更是一大片。腊月时候，只要翻过相思林后的小山头，便可看到笼着一抹白云，原来是数十棵盛放的梅花。妻曾携古琴入默林，未抚已传音韵。空山岂止不空，而且相当圆满，虽然，还是少了我甚爱的松。不过，每到四五月间，就没余多想了，空山不但真的圆圆满满，而且要溢了出来。

因为，油桐花开了！

油桐花不是只开在空山里的。我们曾爬到数十分钟行程的山顶上，远远地望过去，对面那连绵不绝的山峦，好像仙杖一点，瞬间，不尽的绿衣全换成了无垠的白袍。有人说是五月雪，雪，固然赏心悦目，却尽是白上加白的平和柔顺，哪有这般充满律动的耀眼？它可是一簇一簇的，或高或低的，时聚时离的，描绘出无数的层次与变化，隐约间，似乎荡开了奇妙的音符，四面八方欣然同唱，激得人满心雀跃，亦拂得人飘飘欲仙。

看远山上的油桐花，到底有些距离，真叫人感动的，是只要端坐在山斋里，油桐花，便紧挨在窗口上、门槛上，争着和你探头问安。这样如还嫌不足，就潇洒地走出门外吧！可是，门外是潇洒不得的，古云："出门即有碍，谁谓天地宽。"只说对了一半，出门虽真有碍，天地可是更加宽广。

出门有碍，因为满地油桐花，每一朵都那么匀称优美，怎忍心踩下去？可是，山柴得捡，菜园得管，养着的数十只宠物：鸡啊！鸭啊！鹅啦！还有珠鸡、火鸡和两只大山羊，后来又生了一只小羊，都不能不照顾，豢养之外，还要逗它们取乐，怎可不出门张罗？但又怕踩着了娇娇嫩嫩的油桐花，只好每一寸都如履薄冰，先用脚尖探一探，待寻得了一丝一毫的空隙，脚跟才敢接着踩实。绝大部分的时候不是用走的，而是孩童玩跳房子般，左左右右，忽前忽后地跳过去，才能较为安心地笑看这一地繁花。而本来深绿的山色，一朝全白了，有如装上了羽翼，忽然飞扬起来，似乎扩展了无数倍，与天空再也不必切割得那么分明，是那么不分彼此地衔接起来，无止境地延伸着，若形容这些山峦是峰峰相连到天边，也有些设限了！

其实，圈着山斋的油桐花还不密，因为屋前有一方小庭，往日的山斋主人为了晒谷方便，打上了平整的水泥，水泥地怎可种植？小庭前是山涧，走过竹桥便是一条小径，小径旁，就是油桐林了！油桐林旁的一小块空地上堆了许多柴，不知有多少时候，或清晨，或黄昏，或正午，我曾坐在柴堆上，看花、数花，也让花撒落一身。

油桐花最美的，不是开在树上，也不是落在地上的，而是在空中飘飞的时候，或直坠，或回旋，直坠的如实线，回旋的如虚线，她们随风起舞，又会幻出许多未可名之的变化，整个树林里满是实实虚虚、横横斜斜、直直曲曲的线条，每一条线，每一个点都像小天使，洁白、清恬、不断地传出轻声笑语，不断地舞出曼妙的姿影，教你内外洗透，惊叹连连。

有时得下山去，去山脚下的信箱取信，去邻村的小街道采购日用品，才发现到，油桐花很霸道，不但自己白得辉耀，也把其他所有的花草树木全染白了！只要能停得住小小花朵的地方，油桐花都不客气地留下来歇息，可是，花是不断落下的，一旦叠满了，高处的花朵便顺了下来，又占了较低的枝叶丛，待低枝也白了，再坠下来，坠在较高的草丛上，然后依序而下，紧贴地面的草茵上、高高低低的石头上、弯弯曲曲的土径上，没有一寸不是花。

花到了这般稠密，却一点都不腻人，只是令我们移动身子时，小心到有点神经过敏的地步，总觉双脚太过粗大，好像李逵的两个大板斧在琉璃堆里搅和，有时找一块石头歇息，也得先小心地拨开石头上的落花。待坐定了，平视的眼睛才发现对着的是野芋叶盛得满满的油桐花。那么绿的大叶盘盛了那么白的精致花朵，逼得你无余情可想，亦想不出任何足以形容的赞美词。而最让人惊叹的，还不是这个，当你偶然间瞥到身后的小山涧时，往昔的一曲清澈流水，怎么不见了？你会蓦地惊喜赞叹起来，因为，无数的小白花描摹着山势，不断地流动着，小山溪，变成一道蜿蜒醉人的花河！

每一朵花像每一个纯洁无瑕的小姑娘，花心展着一点点红晕的笑靥，欢欢喜喜地讴歌曼舞，一路而下，请问，世间还有这么多这般优美、如许快乐的舞者吗？坠落在山径草丛间的油桐花是静的，优游在山溪里的油桐花是动的，可是，这动的，却比静的还静；山林里，不时有山风吹拂，山风一来，就是再小、再轻、再微，那轻盈得比宣纸剪成的花朵还轻的油桐花便会挪移了身子，一时间，山中群花全舞开了，因而整个山林也都动了！只有山溪里的花儿是不受风管的，她们和溪水贴黏得稳稳当当的，山风一丝也奈何不得，她们虽然一直在流，却是花花相连，朵朵如一，以致你会觉得，花是从来静谧的，流动的只是那本来透明的，如今变成一色芬芳皎洁的溪水而已！

其实，流动的油桐花也不是一色白的，更美的，是花与花之间还留着些参差的空隙，暗黑的石壁树荫便钻了进来，清亮的天光云影便穿了进来，变成一幅幅黑白鲜明的印象图，加上水纹的跳跃闪烁，山溪不只是美丽的花河，同时也是一道光灿夺目的星河了！因此，满溪的油桐花，就更加糅入心坎，叫人没有半点挂虑，没有半点埃尘，也不觉得自己这身子有丝毫重量了，只是与花相偕，与水同游，成为花的一族，水的一员，一颗太空中的星辰，甚至连这也不是，你只是感受那种氛围，成为氛围中的一分子。云淡风轻都属多余，只是无形也无迹。

我们在油桐林中住了六年多，体享过六七次油桐花炼成的醍醐灌顶，我们只是欢喜、赞叹。从看到第一朵花开，到最后一朵花落，我们只是像山中任何一棵草木、任何一颗石头般的与之偕行，外表看起来缤纷热闹的油桐花，内心其实是恬静清怡的，一刻也不曾浮动，我们和油桐花一样，只是随着时光过往，不曾相对，自也不曾分离。

转眼间，那么多年过去了，不断使我们怀念的油桐花，在怀念中一直都是安谧清芬的油桐花，忽然叫人们高举的观光大旗飙得喧天价响，还给它加一个与充满欢乐生机的油桐花完全相反的名词：油桐花“祭”！

油桐花，变成像是许多本来美丽幽静的山村套上了猛炒经济的符咒，而喧哗而伧俗不堪了！不禁使我想到法朗士《苔依丝》里的那个修士巴尼福斯，爱跑到无人的沙漠里修行也就罢了，却偏偏选了废墟中残存却醒目惹人的高柱上打坐，以致引来太多人潮，以致成为骚乱的市集，以致在不断地受人崇敬膜拜之余，他的灵魂渐渐离他而去，以致坠入地狱而不可自拔。

可是，巴尼福斯是咎由自取，油桐花何辜？如果你是油桐花，你愿是“空山无人，只是水流花开”，还是喜欢有一辆又一辆的游览车，载着川流不息的人潮，漫不经心地对你指指点点，甚至粗粗暴暴地踩着你飘落的身影来回穿梭呢？

啊啊！真是油桐花“祭”啊！

导读

粟耘，本名粟照雄，一九四五年生，二〇〇六年逝世。他既是一个作家也是一个画家，三十五岁以前，粟耘大部分的时间都靠教画为主，三十六岁之后，因为喜好闲静、简朴的生活，遂迁居山野，以自耕农的形态维生，同时一边创作。曾获图书金鼎奖等奖项。著有《但破一山静》《佛佑茶腹》《沙子自己知道》。

粟耘散文产量颇高，文字淡而有味，由于本身也是画家的缘故，往往有一种素描的情境。而其后期隐居生活的观察与反省，则成为他文章中主要的内蕴。粟耘描写大自然的作品甚多，但与受到自然科学启发的现代自然书写（modern nature writing）不同，粟耘并不甚关心自然生态的科学面貌，而较朝向“这些生物给了我们怎样的人生启发？”之类的人生哲学方向思考。就粟耘而言，他的笔下有时会体现一种《庄子》物化的适然，或禅宗顿悟的机锋。以《蝉与籁》一文而言，作者怀疑蝉“怎么可能一连数天，都不需要半点休息地啼鸣不绝呢？”事实上只要查阅相关书籍就知道，蝉不是以声带发声，而是以“鸣器”的震动发声，因此不需休息，但作者写这段话的目的当然不是自然科学的阐释，而是要导向“纾解长时间的郁结？或是纯为领受空气阳光的歌咏”的联想上。

粟耘对待自然物的态度，也充满了一种理想性的宗教情怀。在《油桐花开》一文中，他甚至不忍踩踏落到地上的油桐花。这篇文章尤其引人注意的是他对油桐花“开、落”的许多细腻、富有色彩、动态感的描写，充分显露画家的敏锐本质。文末则引到观光与自然生态的两难话题上，虽不是理性思考生态观光的意义本质，直观的态度却更易引起读者的共鸣。

——吴明益

斯文豪氏蛙

凌拂

山上，一入夜就变得死寂了。点起灯盏，合上窗帘，伏在桌上或读书或写字，就全看自己高兴了。

山夜深而且黑，窗外是寂静、空旷的世界，宁静而朴素的夜晚，除非想啜一片冰凉的月光，或者饮一饮清凉的野风，有时也怕在暗里，不慎踩到出外贪凉的游蛇，因此多半是不出门了。

临窗伏在案头，总觉有事。只隔一道玻璃，鸟鸣不断。荒山的夜，当然不可能有鸟儿在这个时候叫得起劲，依鸣声和常理推测，那么当是蛙类了。叫得似鸟一般的蛙类，又应当是斯文豪氏蛙了。斯文豪氏蛙隐秘、害羞，不易被发现，喜欢栖息在溪谷、山涧或小瀑布等水边。白天单独躲在岩穴或土洞中鸣叫；晚上单独出现在洞口或溪谷上悄然觅食。至于为什么会出现在我的居所附近，也可以推测因由吧。光点在全黑的山里，引来各种虫豸飞蛾，食物的诱引是重要的因素了。

每天一入夜，就听到鸣声悠悠，斯文豪氏蛙叫得像鸟一般，轻轻细细，像一只瘦质娉婷的莺亚科或绣眼科的鸟类。那感觉就在窗边，我在屋里，它在屋外，我仔细听着它的声音，隔着玻璃它也知道另一头的我吗？认识和了解另一只生物是应该的，所有的生命都应该在了解和尊重中共同展现，是我，就希望有一张桌子，安静地让我读书写字；是它，就希望有一片无虑的空间，自在地让它栖止跳跃；我们隔窗而据，每天一入夜，点起灯盏，它的鸣声就在窗边伴着我读书、写字。

因为期待它的声音，所以就这样隐秘的保持着现状，不敢相扰。有一天晚上八时许，出外晾衣服，啊，果然看到它，小小巧巧，静谧地卧在窗台上享受山夜。背部是草色的绿，体侧夹褐，前后肢微带斑纹，青蛙王子果真在我窗台上蛰伏着。我轻轻离开，回去坐在窗户的另一边，如果给个特写，玻璃这头和玻璃那头，山居的生活又多一重美丽的经验。

后来，不意在白日里和它相见，一早它急急隐入窗下掩蔽，我掀开杂物，它就伏在当中。细细看它一眼，它的温度永远比暑热低凉，轻轻盖上让它重回原处，空间转暗，暗处或许也象征一分安全。

住在山上周遭生物不断，昆虫两栖之属常在身边，长脚赤蛙就常在我的室内左跳右跳，一时半时地成了共存的室友；它远远潜在我脚下一隅，分析我的行止，而后决定自己的动向。又有时我在门外看书，屋边横出的一枝野姜花，叶上卧着一只小小的翠绿的中国雨蛙，白日里伏在荫处，一伏半天动也不动一下，一点也不吵，就这样我看书它静伏，那种感觉，天下的静都清素简净地印在心底了，心灵的细节，那是最深的感应了。

有一日晌午，屋后乱草丛，一枝横扫在窗上的割芒，上面卧着一只日本树蛙，阳光淡影斜斜错落，我看了内里会心，非常喜悦生活中出其不意的喜悦，蛙类虫豸之属，我高兴生活在这样一个充满了踪迹游丝的所在。

后来上课时，竟在教室里发现了一只斯文豪氏蛙，体型略大，全身褐色而具有绿色斑纹。小朋友看了，高兴围绕着它，它奋勇跳跃三两下冲出室外纵入花圃，小孩的尖叫声欢悦魔幻像面对一则传奇。斯文豪氏蛙住进了长满肾蕨的花圃中，细枝乱篱，是一个安全的、适合它的所在。

然而小朋友留恋不忘，接连几天都在花圃里寻它出来，捧在手里抚抚弄弄，然后又让它回到花圃里去，逸事和传奇，一个小花圃也衍生出许多故事。小孩翻着翠叶，洒着细水，塞一小片水果，这情况，也或许斯文豪氏蛙一点兴趣也没有，但是小孩的心意是到了，只差绿叶上没有附上一行小字，写着：我们都是一群喜欢你的小孩。

斯文豪氏蛙会长久住在小花园里吗？暑假来临，换来惦记的是我，小孩暂时离开学校，斯文豪氏蛙也会跟着消失了踪影吗？斯文豪氏蛙会是小孩的宠物，小孩也会是斯文豪氏蛙信赖的朋友吗？山里的一则传奇如是在风中悬宕着。

导读

凌拂，本名凌俊娴，一九五二年生，安徽合肥人，辅仁大学中文系毕业，曾任小学老师。凌拂蛰居深山多年，崇尚素朴淡泊的生活哲学，关怀自然生态，作品深蕴土地气味，与物种浑然一体，文字清新婉约，情感丰沛动人。重要作品有散文集《世人只有一只眼》《与荒野相遇》《食野之苹》等。

《斯文豪氏蛙》中，在荒山暗夜，隐居的作家与害羞的斯文豪氏蛙，在恬适的生命基调中，找到共频，相互通联。屋里屋外，一张书桌前，一方敞阔空间里，双方相互聆听，彼此陪伴，自在悠然。作家与斯文豪氏蛙建立了难以言说的亲密关系，他们总是不期而遇；在暗夜的窗前，蛙声如鸟，轻声细语；在作家的杂物堆中，害羞的青蛙安心栖息；在教室里、花园中，斯文豪氏蛙的轻鸣与小孩的欢悦尖叫，相互对唱，共奏一曲动人的交响乐。

凌拂擅写自然，以自然为师，从湖光山色中提炼出素朴的生活哲学，彰显出深刻的生命观与敞阔的宇宙观。在她笔下，无论山水、花草或虫鸟，都以它自己的节奏，吟唱生命之歌。而人与自然则仿佛相识已久，知己贴心，情感真挚流动，相知无隔，所有物种共同组构成一幅动人的自然风情绘。

对凌拂而言，自然不是假日人潮踏青的山水风光，不是城市住民的休憩所、消费品，更不是被欣赏、被赞叹的客体。自然本体自在如常，栖住在凌拂的日常生活之中，是她的生命之友，也是她的思想之师。

——杨翠

第三章　闲看人间二三事

人这一生永远敌不过的是时光，一直放不下的是回忆。

赖 床

舒 国 治

有一种坏习惯，小时候一直改不掉，到了年岁多了，却不用改自己逐渐就没有了。赖床似乎就是。

躺在床上，早已醒来，却无意起来。前一晚平放了八九个钟头的体态已然放够，前一晚眠寐中潜游万里的事行也已停歇：然这身懒骨犹愿放着，梦尽后的游丝犹想飘着。

这游丝不即不离，勿助勿忘，一会儿昏昏默默，似又要返回睡境；一会儿源源汩汩，似又想上游于泥丸。身静于杳冥之中，心澄于无何有之乡。刹那间一点灵光，如黍米之大，在心田中宛转悠然，聚而不敬，渐充渐盈，似又要凝成意念，构成事情。

便因赖床，使人隐隐然想要创作。

赖床，是梦的延续，是醒着来做梦。是明意识却又半清半朦地往下胡思滑想，却常条理不紊而又天马行空意识乱流东跳西进地将心思涓滴推展。

它是一种朦胧，不甘立时变成清空无翳。它知道这朦胧迟早会大白，只是在自然大白前，它要永远是朦胧。

它又是一番不舍。是令前一段状态犹作留续，无意让新起的任何情境阻断代换。

早年的赖床，亦可能凝镕为后日的深情。哪怕这深情未必见恤于良人、得识于世道。

端详有的脸，可以猜想此人已有长时没赖床了。也有的脸，像是一辈子不曾赖过床。赖过床的脸，更多地有一番怡然自得之态，像是似有所寄，似有遥想，却又不甚费力的那种遥想。

早上床赖不够，只得在晚上饭桌酒瓶旁多赖一赖。这指的是独酌。且看许多脸之怡然自得或似有遥想，也常在酒后。而这是浅酌，且是独自一人。

倘两人对酌，而有一人脸上似有遥想，则另一人弄不好觉得无趣，明朝也不想抱琴来了。

不只赖睡在床，也可在火车上赖床，在浴缸里赖床。在浴缸里躺着，只包的不是棉花被子而是热水被子。全室弥漫的蒸汽及缸里热腾腾的水，令全身毛孔舒开，也令眼睛阖起，更使脑中血液暂时散空，人在此时，一不留神就睡着了。

要赖床赖得好，常在于赖任何事赖得好。亦即，要能待停深久。譬似过日子，过一天就要像长长足足地过它一天，而不是过很多的分，过很多的秒。那种每一事只蜻蜓点水，这沾一下，那沾一下，急急顿顿，随时看表，到处赶场，每一段皆只一起便休，是最不能享受事情的。

看人所写书，便知什么人赖床，什么人不。曹雪芹看来赖床赖得凶，洪都百炼生则未必。

我没装电话时，赖床赖得多些。父母在时，赖得可能更多。故为人父母者，应不催促小孩，由其肆意赖床。

老人腰腿无力，不能游行于城市云山，甚至不能打坐于枯木寒堂，却可以赖床。便因赖床，人老又何悲之有？

虽出外与相得友朋谈论吟唱，何等酣畅；虽坐轩斋读宏文奇书，何等过瘾；然一径无事地躺着靠着，令心思自流，竟是最能杳杳冥冥把人带到儿童时的做梦状态，无远弗届。愈是有所指有所本的业作，如上班，如谈正事，如赶进度，最是伤害做梦。小孩捏着一架玩具在空中飞划，便梦想在飞，喃喃自语，自编剧情，何等怡悦。

赖床，在空寂幽冥中想及之事理、之史实，乃是真学问。实非张开大眼看进之世态、读进之书本、听到的声响话语所能比其深谛。当然赖床时的想象，或得依傍过往人生的材料；广阔的见闻、淹通的学识或许有所帮助，但见闻学识也不免带进了烦扰及刻意洞察的迷障，看来最是损折原本赖床的至乐。且看年少时的赖床恁是比中年的赖床得到的美感、得到的通清穿虚要来得佳幽奇绝。可见知识人情愈积累未必较空纯无物为更有利。

有时在昏昧中自己隐隐哼在腔内的曲调，既成旋律，却又不像生活中听过的别人歌曲，令自己好生诧异；自己并非作音乐的，倘非已存在的、甚而曾是流行的名曲，岂会在这悠悠忽忽的当儿哼出？这答案不知要怎么找。事后几天没有因哪一首曲子之入耳而想起赖床时之所哼，致再怎么也想不起。这便像世上一切最美妙的事物，如云如烟，过去后再也不留痕迹。

导读

舒国治，一九五二年生于台北，浙江奉化人。世界新闻专科学校电影科编导组毕业，曾任纪录片《古厝》编剧，参与电影《月光少年》演出，从事自由写作。曾获时报文学奖优等奖、华航旅行文学奖首奖、长荣环宇旅行文学奖首奖。著有散文集《台湾重游》《理想的下午》《门外汉的京都》。

《赖床》收入《理想的下午》，书的副标是“关于旅行也关于晃荡”。旅行和晃荡强调悠闲的精神，品味生活的态度，赖床能赖至“赖床哲学”的提出，悠闲和品味生活两者皆不可少。赖床通常和懒惰画上等号，至少不是可以夸耀的光彩之事，舒国治却翻转常人对赖床的恶评，使之成为正面的力量，赖床因此成为创作的动能，“身静于杳冥之中，心澄于无何有之乡。刹那间一点灵光，如黍米之大，在心田中宛转悠然，渐充渐盈，似又要凝成意念，构成事情。便因赖床，使人隐隐然想要创作”。

赖床是开展想象的力量，静观生活的基础，凡此种种，赖床的好处，不一而足，故大人不应禁止小孩赖床，成人应该常常赖床。人老万事皆废，独因可得赖床之乐，所以老去并不可悲。这些似是而非的逻辑推演，是阅读此文的趣味来源。厨川白村认为 Essay（即随笔，或小品文）的特色，其兴味来自于“人格的调子（personal note）”，《赖床》便属此类人格调子鲜明的散文。

——钟怡雯

寂静的航道

林文义

再来北航道，已经是九年以后的事了。

鱼塭静静地躺在大地之上，一丝波澜也不曾激起；藻色的水面上层清澈得可以瞥见群聚的虱目鱼。马达静静的，没有发动，水里该有足够鱼群借以生存的氧。盐田里一摊静止如镜的水。不是晒盐季节，但盐田陇道上却也堆置着用稻草包裹着的盐堆，等待着小火车把它们载走。

北航道那条弧状的桥已经十分古老了，许多孩子将他们的自行车放在桥头，然后跑到桥中央垂钓。北航道里，海鱼依然是很丰盛的；但每逢渔船从桥墩下经过，孩子们就七手八脚地将钓线拉上来，否则会钩到渔船小小的桅杆或甲板上堆置的尼龙渔网。

航道外就是波涛汹涌的台湾海峡。广瀚无垠的海水在午后灿亮的阳光下闪闪发亮。伫立在马沙沟海水浴场的边缘，望向海峡的远方，有一艘油轮在海平线缓缓地挪动，也许是由于很远，看不出它是否全速航行。不是星期假日，海水浴场人很稀少。黑色的滩岸，狭长的向两侧侵夺而去，一个海防士兵站在碉堡旁，雕像似的一动也不动。

九年前，这里还是荒凉的海岸，诗人杨君带我来此，看静静的北航道，盐分地带特有的盐田、鱼塭。而那时，仍是少年军人，有些羞怯，想法纯真，不谙世事，刚从学校毕业出来，生命里只有军队、爱情、面对未来理想的冀望。九年后再来，北航道依然，盐田、鱼塭仍在，而已不再是当年那个羞怯、单纯，只有诗与爱的少年军人。

我静静坐在冷气开放的游览车里，九年后的诗人杨君正带着他那令人发噱的口音，向参加第六届盐分地带文艺营的学员们津津有味地介绍北航道，盐分地带是诗人杨君的故乡。车子开上北航道那条坡度十分陡峭的桥梁时，显得分外吃力，年轻的学员们都笑了起来。我侧过头去，北航道右侧广阔的盐田里，有几只白鹭鸶悠然地伫立在镜般的水面，它们雪色的投影清晰地倒映在水中；九年前，来到这里，这片盐田还正在开垦，在热炙的烈日之下，很多理着光头、穿着囚衣的人们，汗流浃背地抡动着十字镐，奋力地工作着，他们显得十分忧郁，一定是因为禁锢之苦吧？九年一过，他们应该早已获得自由。

而盐田再过去，是那个名叫蚵寮的村子，我知道那个特立独行的老画家洪通住在那里。一栋四墙画满奇异符号，破旧的房子。他一定更加苍老了，还在做娶细姨的梦吗？那年，他带着他那独特的画来到十里洋场的北岛大城，吸引了众多的人，令学院出身、严肃的艺术评论家们瞠目以对。喧哗的风潮扫过以后，老洪通什么也没有，独自黯然地回到蚵寮，然后把自己封闭了起来，还是要让那个终日在南鲲鯓庙卖香火、金纸的糟糠老妻以微薄的收入来养活他，真是惨淡而苦涩的人生。

路过蚵寮，许多妇女蹲在屋旁简陋的竹棚下，用熟练的手姿，剥着粗粝的蚵壳，掏出肥硕的蚵仔；几个幼小的孩子在狭窄的巷道里玩躲避球，发出了清脆童稚的笑声。有个老头，坐在一棵巨大的梧桐树下打盹，手里的烟都已经快烧到手指了，那烧过的烟草长长的一条，却不会断裂下来。他的身畔一大堆蚵壳，一个用着印花布包裹着斗笠，几乎把整个脸都蒙起来的妇女正在收集蚵壳，又把它们一串一串地搬到板车上，大概准备运到海边去插蚵苗[①]。

离开北航道，诗人杨君告诉我，他要去看北门的乌脚病[②]防治中心。我的心一下子往低处直沉。我想起前年曾经来过一次，那些被切断手脚的老乡人那么安详、认命地坐在床沿，向访客们亲切地问候平安，我真的是无言以对。面对着这些不轻易向残酷命运低头的坚强生命，我感到，我们整个社会愧对他们太多。那栋欧式的白色建筑静静地坐落在一片草地上，我再次推门造访。

空旷的室内，只有三四个老人，他们有的坐在床沿，有的拄着拐杖，正在整理内务，看到我们进入，充满皱纹的脸上随即浮现出亲切自然的笑容，这次我又无言以对，竟连起码的问候我都显得嘴拙了——我的视线不由地投向到那些老人被手术刀切断的手脚，我很黯然，变得迟缓而呆滞。我深切地想起一个传教士充满悲伤的话——如果这世上真有上帝的话，他应该先到盐分地带的北门乡。

我很快地走了出来，从进去到出来，不到两分钟，我的脸上是一片漠然，真的，否则我能够怎样？虚矫的感伤，廉价的怜悯与同情，对于这些受难的人们有什么实质的帮助？一点也没有。我不喜欢这样，这茫

① 蚵仔栖息在潮间带及浅海的岩礁海底，以其左壳固定在岩石上生长，养殖业者依此发展出三种养殖法，其中一种以竹篾插在海中让蚵苗附着成长者称“插蚵”。蚵，即牡蛎。

② 一种地区流行性下肢周边血管疾病，过去一度盛行于台湾西南沿海，特别是北门、学甲、布袋、义竹等乡镇，致病原因可能是所饮用的深井水含砷过量所引起之慢性砷中毒，严重时需要做截肢手术。

茫尘世，虚假的人太多了，放言空泛的知识分子多于蚂蚁，我真的很不喜欢，更不能在内心容纳某些用虚矫的泪水所凝聚的文字——那种空泛高远得不符实际，软性而黏腻的温暖。

我们的车缓缓地走在广阔的盐分地带上，蛋黄般巨大的夕阳正落向被染得一脸霞色的海面。我坐在车窗旁，将视线投向北航道的方向，远方一排苍郁而朦胧的防风林；而我知道，澳内的渔船应该已经陆续出航，拖着长长白色的浪尾，通过北航道，到海峡去开始一天的营生。

导读

林文义，台北市大龙峒人，1953 年生。艺术专科学校（现已改制为台湾艺术大学）广播电视科毕业，曾任《自立晚报》副刊主编，现为自由作家。林文义兼擅散文及小说创作，以散文最为知名。初期的散文风格浪漫唯美，多抒一己之情，后来转以现实人生为素材，在客观写实里反映他悲天悯人的情怀与对台湾历史的反思。曾获《中国时报》文学奖、新闻局金鼎奖。散文代表作有《千手观音》《寂静的航道》《旅行的云》《手记描写一种情色》及小说《北风之南》等。

林文义是风格独具的散文作家，写作三十余年，出版过散文集三十多册，文字清丽多情，委婉多姿，对心灵世界的感性挖掘有着深刻的表现，对现实世界的关怀与悲悯又显现出一个知识分子坚持的理念，多年来一贯走着孤独而纯净的文学之路，在台湾当代文坛中有其个人独特的魅力。其散文历程约可分成四个阶段：1980 年以前是唯美浪漫时期，如《天瓶手记》等；以后则风格丕变，开始关注现实，《寂静的航道》是这个转型阶段的力作；从1987年到1998年的十年左右期间，是社会运动阶段，他投入了大量的心力在政治关怀与实践上，陆续出版了一些批判性强烈的作品；1999年起，小说的林文义取代了散文的林文义，其作品受到文坛瞩目。他曾说：“土地、人性、生活，这三种质素是我作品中不可缺乏的一环；还有的，就是作为一个写作者所秉持的良知与独立，以及一个我仍要继续追寻的梦。”这段话堪称林文义多年创作理念始终不变的最佳注脚。

——张堂锜

厕所的故事

阿盛

开始念小学那一年，我第一次看见卫生纸，至于正式使用，是在二年级的时候，在这之前，解手后都是用竹片子或黄麻秆一揩了事。大人们的厕所在房间内，用花布帘围住壁角，里边放着马桶；小孩子们没有限制，水沟、墙角、甘蔗田，以及任何可以蹲下来的地方，统统是厕所。

在学校里，老师天天交代我们：要穿鞋子，要常洗头发，要买卫生纸，不要随地大小便。我回家跟爸说要买鞋子，爸说没那么“好命”；我提起卫生纸的好处，妈说那太浪费，小孩子不懂赚钱的辛苦；我又引用老师的话，说用竹片子揩屁股会生痔疮，爸生气了，他说老师一定疯了，因为他从一岁到二十多岁都是这样，也没生过痔疮；我小声地说，应该有厕所，祖父说，奇怪，水沟不是很多吗？最后爸解释说，卫生纸太薄，容易破，揩不干净。这以后，妈准许我用粗草纸，那是大人们用的，不过，我还是宁可用竹片子，粗草纸就带到学校让老师检查，我们班上有一半以上的同学都和我一样，老师也不再要我们买卫生纸了。

二年级下学期，三姑带着表弟从台北来我家玩，吃过中饭，表弟说要上厕所，我带他到门前的水沟边，他很惊讶，硬是不肯脱下裤子，说是没有东西挡着他拉不出来，我带他到猪舍旁边，他蹲在地上，不时看着我，然后站起来，说他拉不出来，我只好走开，隔一阵子就喊："好了没有？"表弟苦着脸走出来对我说没有，我拉起他跑到学校，他急忙冲进厕所，出来之后，满头大汗。在回家的路上，他一直问我：为什么厕所里没有水箱子？为什么有很多很多白白小小的虫？还有，在水沟里拉屎，警察为什么不管？我说警察的儿子也和我们一样，他就说，回台北以后要报告老师，叫老师来抓警察，我听了感到很生气，跟他说，警察和真平、四郎 一样伟大，不能抓，他不相信，还说校长可以管老师，老师可以管警察，真平和四郎跟总统一样大，不是跟警察一样大。我气极了，不再理他。

三年级放寒假的时候，爸和叔叔们合资盖了一间厕所。"落成"那天，我们几个小孩子热烈地讨论谁应该第一个使用，六叔把我们赶开，他说他是高中生，当然是第一。他进去了，一下子又走出来，很不高兴的样子，原来，有人先进去过了，六叔一口咬定是那个泥水匠，他嘀咕着说要找泥水匠算账，我们建议六叔把他抓来灌屎，像灌香肠一样，六叔说好。那天晚上，爸和叔叔们在院子里聊天，聊到这件事，二叔说，新厕所有外来的"黄金"，大吉大利，六叔不同意，他认为新厕所应该由自己人开张，才有新气象，爸没有意见。我对爸说，六叔只知道拉屎要争第一，六叔一巴掌打在我屁股上，妈说该打。我很不甘心，跑去告诉祖父，祖父走出来，把六叔骂了一顿："你吃饭争第一，拉屎争第一，为什么英文只考了二十——二十——"我说二十七分，祖父接下去："二十七分！啊？"五叔在一旁笑，他说这也可以算第一，六叔说，五哥以前数学只考二十四分，乌龟笑鳖没尾巴，祖父说："都是屎桶！"过后，我问六叔，还要不要把泥水匠抓来灌屎，他说我以后再这么问，他就灌我。

我升上五年级，村长换了人，新村长说，要好好整顿村里的环境卫生。首先，他出钱盖了四栋公用厕所，又一家接一家地劝人盖厕所，他跟祖父说，厕所和吃饭一样重要，祖父说哪有这种事！一有空，他就骑着脚踏车到处巡视，发现有小孩随地大小便，当场打屁股，我们班上有好几个男生被他打过，都很气他，叫他“哭铁面”。每次开村民大会，他一定会再三地说明厕所的重要性，有一次还说“厕所就是生命”，六叔跑到台上去，不知道跟他说了些什么，他马上又补充了一句：“厕所为成家之本！”末了，他建议大家不要再用竹片麻秆揩屁股，因为这样会得破伤风，有人站起来发言，说不会得破伤风，应该是会生粪口虫，我们学校一个女老师立刻又发言，她认为应该是生痔疮才对，然后指导员出来解释，他说，应该是会长瘤才合理，他的一个朋友就是这样。到后来，村长说：“统统有可能，不过，得破伤风的机会最大。”那一次大会后有赠送纪念品，每家三包卫生纸，两包樟脑丸，一把长柄猪鬃刷子，乡里派来的卫生员特别交代，刷子是清洗厕所用的，妈说这种刷子这么好，用来洗刷厕所太可惜，所以一直放在厨房里使用。

初一那年冬天，嘉南平原大地震，震塌了村里两栋公用厕所，救灾工作结束之后，村长开始计划重建厕所，村长太太负责募捐工作，她几乎天天都在村子里跑来跑去，那阵子，米菜肥料都缺货，物价又贵，村长太太跑了两个礼拜，还凑不到盖一栋厕所的钱。又过了几天，邻村有个有钱人到我们村子来，他说他愿意负责盖厕所的经费，条件是，水肥归他收一年，村里的人开会通过，半个月后，厕所盖好了，还装了水箱，那个有钱人每天派车子来载水肥，听说他包办了好几个村子的水肥，转手卖给鱼塭和农家，一桶二十五块钱。过了一阵子，他问村长，为什么你们这里的水肥特别少？村长说，本来就这么些，他不相信，硬说有人偷肥，村长说那东西又不能吃，谁要偷？两个人先是在路上吵，一直吵到派出所，又吵回路上，然后再吵进派出所。警察耐心地分析：这里的人八成以上种甘蔗，根本不要肥料，村长保证没有人偷去吃，那个有钱人气得脸都歪了，他嘀咕着说，这样下去会赔本，生意真不好做，怎么大家不多拉一点？怎么不多拉一点呢？大约一个月后，政府大量配给农肥，接着肥料两次跌价，那个有钱人再不派车来载水肥了，村长把他找来，要他按照契约清理水肥，他说要那么多干什么？又不能吃！两个人又到派出所去，结果，一直到我念初二上学期，他都派车清理水肥，一个月一次。有一次，六叔在路上遇见他，问他水肥好不好卖？他说生意不好做；六叔又问他，想不想再跟我们村子订契约？他说只有疯到第三期的人才会这样问。

我读高一的时候，乡里举办中北部春节旅行，我也参加。第一天晚上，住在台中火车站附近的一家旅馆，这才第一次看见了抽水马桶，以前只看过图片。住进旅馆以后，大家都往厕所里跑，乡长站在一边维持秩序，一面叫着慢慢来，他说留得屎橛在，哪怕没得拉？等轮到我，我一头冲进去，看见抽水马桶，心里有点害怕，还好我知道是用坐的，坐了上去，也不知怎么搞的，几乎用了两百公斤的力量，仍然拉不出来，外头敲门敲得很急，我在里边更急，好一阵子，看看是不会有“结果”了，只好出来，身上直冒汗，乡长问：好啦？我说好了。那天晚上，好不容易熬到厕所空了，我才放心地走进去，蹲在马桶上；以后的两天，我都是这样。第四天早上，我们正在整理行李，旅馆的老板娘气冲冲跑来，她说不知道是哪些人弄坏了三个马桶护圈，我们都说，那一定不是我们，老板娘唠叨了许久，她说护圈是新装上的，怎么坐得断？真奇怪！

去年暑假，我回家乡，找六叔聊天，聊起有关厕所的事。我对六叔的几个孩子说，你们命好，我们小时候连厕所都没有呢，他们不太相信。我说不但这样，解手后都用竹片子揩屁股哪，他们说我欺骗儿童。六叔说，这是真的。八岁的小堂弟说，他要去报告级任老师，爸爸和堂哥爱撒谎；十岁的堂妹说，最好报告校长，因为校长比较“匈奴”，一定会打堂哥屁股；正在念初一的堂弟说，爸爸是石松，堂哥是余天，搭配得很好，真会“讲笑话”。最后，他们联合问我们一个问题：用竹片可以揩得干净吗？六叔说大概可以，我说差不多啦。

稻 菜 流 年

阿 盛

田鼠不会在稻菜根处钻穴为窝。也许它知道农人的眼光最常注视那部位；也许它知道留个余地给稻菜根对一家大小都有好处；也许——它知道天底下没有不需犁翻刨开的田。

阡陌边角较安全，对田鼠而言。牛蹄踏不到的地方，犁齿同样刨不到；稻菜根毫无可能伸延那么远；还有，农人心里有数——祖先说过的话极少骗了人——田里果真没几窝田鼠，不是好现象，也许兆示莫指望丰年。

你当然想望丰年。你有一米筐的童稚愿望，能否实现，全看父亲在饭桌上说出收割日期是否语调上扬、是否三回两次停箸抱怨鱼干太咸。丰年，多么称心的丰年，年菜足够吃到上元，口袋装的是天天看都看不厌的压岁钱，图画纸牌算不完，放纸炮啰，点燃引火线，那般心满意足，写字似的一笔一画尽是写在被母亲含笑亲摩的脸。

却是肯定会有那么几个年冬，你早早就察觉出田事不好。你在稻埕上捧起谷粒抛耍，父亲不耐烦地呵责，你跑开又跑回来抛耍谷粒，父亲的嗓音比刚才来得高，你小心地再试探一次，连母亲都没好声气了，这才你完全晓通，今年的纸炮说什么也不可能放得很多，新衣服或是会有，新鞋新玻璃珠呢，即使功课好、最受宠的大哥都不见得有把握，何况你只是个未进学且贪玩招嫌的小憨头？

小憨头总有些憨头想。一群流鼻涕小子聚在一起，除了握在手里便能生出胆气的银角之外，似乎没有什么东西玩不出来。两手空空出门去，野地溪旁混戏一整个白天，十多人都没饿着；你说不上来从何处学得砌土灶烤番薯的本领，你还小，可是那焦黑焦黄的地瓜吃进肚中的同时，你就已了解如何控制火候。这有点像小田鼠，成群的小田鼠钻出了洞口，你瞧见了，一个个肚子扁平，然后你注意到了，小田鼠陆续钻进洞口，一个个肚子滚圆，而你不曾看过大田鼠跟在小田鼠前后左右。你是不太懂，为什么小田鼠的样貌看上去总是很放心，人在洞口前，它顶多只瞧一眼，立刻顺着阡陌边角蹿走；谁教会它如何控制拔腿的时机？

大田鼠的心机复杂多了，它不轻易出洞穴游行，你存心要看它，得用点脑筋，至少你必须暂时忘掉晒不得太阳的头疮，蹲在田鼠洞边不近不远处仔细观察一段时间。洞口上缘必然较下缘突出，这你懂，作用等如屋檐，除非逢上大水，等闲积雨不能漫淹；长草顺着地势垂在洞口，洞口平滑一如家中厨间的地面。等着等着，你不免担心手上的纸炮浸染了汗水，于是你点燃一枝香条，将纸炮塞进洞，捂一只耳朵，触触摸摸地点燃引火线——爆——一声响过，你数一、二、三、四，大田鼠奔出来了，来不及细算它尾后跟随几多小田鼠，最后奔出来的是另一只大田鼠，跑在头端的大田鼠仓皇但脚步不乱，殿后的大田鼠一直跑在小田鼠尾端，一条线，简直就是一条线，沿着阡陌底边一路跑去，跑远；洞口仍有丝丝淡烟，而田鼠已然不见。你抬头四望，刚种下不久的番薯叶子稀疏，褐灰的田是一条一条的直线；火毒的阳光罩住一身，你突然觉得慌，你突然渴盼赶快回到老榕树覆荫下的后院，你突然想要奔跑，你突然在抹汗的当时发现额上似乎多出一块新的隆凸肿肉，糟糕，你瞒不过母亲了，分明那种肿凸不是疮也会是疖。

敷药通常是在挨棍子之后才开始，祖母也罢，母亲也罢，手劲轻重不分高下，挤出一堆黄脓，少不了并时会挤出一摊泪。你泪眼模糊，倒还看得见檐下竹笼里的火鸡，火鸡一样经常长头疮，剥掉它，没几天又肿成一颗一颗，说圆不圆，不剥它，没几天就大得赛过火鸡头；总在这时候不得不动剪，掐住火鸡脖子，压住火鸡双翅，剪刀对准头疮根处，用力收拢手指，一颗头疮掉地了；虽是血肉模糊，毕竟火鸡看起来像样了一点。

你也得像样一点，你要进学。可这不是表示你可以借故少下田；稻菜与写字簿不全然相牵连，大人们坚持认为——好比说，灰家鼠如果跑到田里去钻穴，它得觉悟可能自此吃不着稻菜以外的东西，但是也得认明事实上自己并不从此成为田鼠；反过来说，田鼠永远是田鼠，纵是它住居厝边墙角、吃得着咸鱼骨刺；生是什么人家子弟，便是什么命，你懂不懂？你聪明得很，嘴里绝不吐出问句的后两个字。但是偶尔你会希望台风大雨不要一扫就过，那么，合家都会护着你，别说学校不去，迈出稻埕都不可以；伫立窗前，你听见风在呼喊，雨不像雨，像盆里泼出来的水，几万个盆齐一泼水，你却感到安全，你睡在祖母身边，祖母不曾怕过任何事，连猪仔都听她口号命令；你睡熟了，梦里，你在泡水的田里游走，你背个竹笼，两手不停地抓那浮在水上的田鼠。

于是有一年的一天，你彻底地后悔。台风大雨果真不停歇，半夜，呼喊的不只是风，还有祖母父亲母亲大哥大姊——大水！大水！大水！你翻身下床，祖母一把扯住你的头发往床上猛然一拉，你滚到床内缘，惊骇中摸摸沾水的脚板，大水！大水！屋子里怎么也有大水！你活到祖母的年岁也忘不了这样撞心击肝的大水。屋内屋外一般暗黑，风似乎亘古以来就没止息地吹，老天要抓人么？老天巡行大地上，他点燃天大的纸炮吓人，他背个天大的笼子，两手不停地抓那浮在水面上的人……父亲涉水来到祖母房间，叫了声阿娘，头发脸上尽是水，你才十一岁，你有极好的眼睛，就算你眼睛阖上吧，也绝对看得见父亲在流泪……水逐渐缓缓地低退，微曦中你目睹浸水后转成铜黄色的谷粒漂动在床下、洗脸台边、椅脚……天光放亮了，你找不到鸡埘，找不到番鸭，找不到哼鸣乱叫的猪仔，找不到——啊——啊，老天是如此不厚道！稻埕上空落一片！

一年一年，你在田里走过一年踏过一年；你已不是童稚，你是个瘦小不多病的少年。田鼠的窝穴依然常见，你知书明理，然而你慢慢觉出自己未必达情胜过不识字的远古祖先；田鼠吃的是人的粮食，祖先却承认田鼠该当生存在田间，这不合教科书中的理念。只不知怎么的，你再不想去打惊田鼠，不一定真相信几窝田鼠预兆了丰年；而且，丰年亦不表示年丰，纸炮新衣玻璃珠无法满足一个爱玄想的半大汉子，童稚岁月里没有思量过的问题一一突现——丰年收获的谷子铺满稻埕，餐桌上却恒常见不到白米；丰年收获的番薯好像天长地久吃不完，番薯签，番薯块、签签块块，午餐晚餐，酱菜鱼干，恒常是这般；度一回春节，买一回新鞋，恒常不套袜子就穿。这类同田鼠吧，老祖母的话你记得，田鼠其实吃得简单，它不会挑拣硕大的番薯啃咬，因为一次吃不了；它喜欢吃落地的谷子，因为攀爬稻梗太招摇，且是不必要；

它认命，它守在阡陌一角，饱腹之后唯一担心的只是大水与乍然而来的干扰。

田鼠曾经使你受到困扰。为农家办事的衙门永远笃定以为，田鼠吃掉了太多太多该给人吃的粮食，除去田鼠才有丰年；你将诱鼠的饵收藏起来，因为你不敢肯定丰年的收成到底肥了谁，你读了许多书，书里从不告诉你如何应付那些怎么瞧都不顺眼的商人；你站在巨大的仓库前等待领取肥料，肥料堆成山，发放肥料的人用力写字条、盖戳记，字很歪斜难看，可是写字的人正坐着绷紧面皮，显然完全忘了你买肥料用的真正落地能响的金钱。为了金钱，你有一阵子狠下心捕田鼠，有人大量收买田鼠，拿去做香肠罢，或许也做罐头，反正卖田鼠拿得到钱；祖母骄傲地做了内外曾祖，做了曾祖的人不该下田，但总该有人供给一些买糖饼的钱。你捕捉不少田鼠，小的放走，大的装在铁丝笼里论斤卖出，你却没预想到祖母不高兴拿这种钱，分明那是落地能响的金钱。你是个迷惑的少年。

田鼠有一对迷惑的小眼，仓皇蹿动猛然停脚瞪你，你莫名地想起童年的大水，你滚在床内缘，你搂着祖母，祖母在发抖，你瞪着大水，屋外的天塌了，你和祖母都被压覆在突不破的黑笼里，祖母摸摸这个摸摸那个，紧抱着你无目标地移动；仓皇间，你瞥见祖母的眼睛，你活到祖母的年岁也忘不了那迷惑的眼神。

祖母走了。你在父亲一口一声阿娘的思念里长大成人；你已全然不想望丰年，你知道年年期盼年菜足够吃到上元没有太大意义，你知道母亲心满意足地看着谷堆只是短暂的一整年当中那么几天，你知道长大成人就必须年年给很多小小子压岁钱。于是，你迈出连心的故乡，你去到一个人都不认得的新城，你梦里有人有圳有青草有小庙也有红瓦泥墙的老居与不知多深的田鼠洞穴。你打扮齐整，奔跑在亮丽的大街，将所有夜晚的梦抛在一边；你已不再等似不怕人的小田鼠，可你是那么难以言宣地惦记它，隐隐地它与你之间有条剪不断的线；一条一条的直线，牵挂的不只是老榕后院，还有那一块毫无覆荫的老田……你觉得慌，却是你瞒不过自己，新城岁月一次一次将你身上的泥味淘洗去，你累积了数不清的心机。于是，你否定认命的教训，你日渐改变自己，你在诸多新城人的强烈评说后日渐说服自己承认新城人指出的一个事实——住在阡陌边角见到的永远是单调的颜色，且丰成歉收一样吃的是稻菜。

终于有一年的一天，你牵妻抱子回到无旧屋无家田的故乡；你年纪已过三十。你强抑不使心热展布到双眼，但是你根本不能阻住熟眼的景物烫出温温的泪水，你偷偷转身抹脸，你心中显明突现出父亲当年的愁容。父亲匆忙跨出家门，抱着受伤的小妹，小妹被顽童的纸炮石头打得手脚流血；你极目望去，父亲越过阡陌跑得好快好远，火毒的阳光罩在随后追赶的母亲身上……你有来由地想起童年的纸炮爆裂声……你走到昔日的田间，你放下孩子，你说什么也不愿吞回热泪；你一家大小全立在父亲面前，父亲是在面前，父亲的坟就在阡陌角边。

导读

阿盛，本名杨敏盛，一九五〇年生于台南。东吴大学中文系毕业，曾任《中国时报》记者、编辑及编辑主任等职。著有散文集《行过急水溪》《绿袖红尘》《五花十色相》《唱起唐山谣》，小说《秀才楼五更鼓》等。文学是他生命中最重要的志业，他坚持“离开土地，文字只是虚幻的游戏”，也强调“天地之间有文章，但凡人事皆可观”，可知其创作理念主张自现实生活取材，内容则以诠释人性为主。他喜欢看人看书看山川，人生态度是“唯诚唯善大是好，有生有活遍地花”，认真生活，用心写作，人情练达的深刻体悟，使他很早就展现出散文大家的气象。

《厕所的故事》《稻菜流年》是他早期散文的代表之作，乡土气息浓厚，对早年农村生活的回顾生动又有趣，城乡差距在他带有卡通式夸张笔法的描写下，让人笑中带泪，感触良深。他的散文写作，早期以农村社会平凡小人物为主，笔端常带温暖的同情，后期则转向对人性疏离、物欲追逐、城市堕落的冷峻批判，对五花十色的众生相，阿盛就像一个怀抱热情的冷眼旁观者，将他的见闻感受以朴实诚恳的心情记录下来。他曾自道是个“很老百姓的人”，不论议论或描写，他希望尽量回到原始朴素的老百姓观点，这使他的散文能贴近真实生活，充满真情与土味，成为台湾乡土书写中独树一帜的杰出作家。

——张堂锜

年 过 五 十

廖 玉 蕙

年过五十的心情，真是百味杂陈，说也说不清。黄昏时分，我日日踞坐计算机桌前，将自己童稚、少年及中年的光灿笑容一一扫描进苹果计算机里，夕阳在护目镜里一点一点沉落，计算机屏幕的深处，反射出一张既怅惘又失落的面容。

Photoshop 里的橡皮擦，除去了照片里伊人的皱纹，却抹不去现实人生中的黑斑。乐观竟然和失眠共存！失眠居然和发胖比肩，发胖奇异地与皱纹共生，皱纹又吊诡地和慈眉善目如影随形！……五十岁后的女人，就是以这样光怪陆离的矛盾，迟缓而乏力地和岁月拔河，且注定向老迈一路倾斜过去，无论周遭的人如何信誓旦旦地称赞你看起来依然年轻。

年过半百后，心境有了奇妙的转变。许多以往锱铢必较的，如今漫不关心，譬如友谊或爱情；有些昔日满不在乎的，现在触目惊心，譬如皱纹或赘肉。改考卷时，最痛恨学生在文章里动辄称呼“五十老妪”“半百老翁”；看电视时，最讨厌主播不时回放独居老人萎死家中、多日无人闻问的画面。十八岁的时候，曾经因为厌恶年老色衰，发誓绝不苟活，决定只要年过三十，即刻引火自焚或切腹自尽，效法日本武士精神，留下虽然未必灿烂却仍旧富于青春的容颜。所以，三十岁过得最久、最缠绵，一直舍不得松口，忝颜延长到接近三十又五，才悻悻然改口道："灿烂不必一定年轻，成熟往往更具风韵。"四十岁后，还能和亲朋笑说肌肉日渐松弛、记忆逐渐模糊；五十过后，明显开始避谈与衰老相关话题，只一味向人展示归纳分析能力！可心底老不安宁，明明自幼就丢三落四，现在只要一找东西，便慌张地以为老年痴呆症忽焉来临。

年过半百，心肠变得像钢铁一样坚硬，却又易碎如透明的水晶。生命里的原则大体确定，固然不大愿意接受委屈，也从未想到占便宜。以往，每到暑假，总和一干成绩被当的学生缠绵悱恻。这些年，再没有过到教务会议去承认分数计算错误以拯救出局学生的行径。吃了秤砣铁了心！视学生提前出局为另类转型。虽然没有以关机或拒接电话来杜绝求情，但是，凡来关说者，我一律跳脱攸关分数的所有黏缠辩证，立刻转移焦点，径自切入"危机即是转机"的劝勉，绝不让对方有可乘之机。然而，严词拒绝过后，一想到家长的焦虑、学生的悔恨，心里往往纠结拉扯，不是食不下咽，就是在暗夜里睁眼到天明。生活里小小的温情，经常被扩大，为了不得的善意；人际间的扞格，又常常被缩小成无意间的擦枪走火。学生情感受挫，红着眼眶到研究室来寻求援助时，我的眼泪总是多过自来水，非但无法善尽开导的重责，还哭得比学生更伤心！到头来，甚至还得劳烦学生反过来安慰、辅导，并赌咒、发誓一定庄敬自强，请老师切莫泪淋淋！

年过五十，了然个体独立的理论，夸夸宣言不再干涉儿女的行动，刻意维持开放、开明的假象，却在儿女迟归时，焦虑得差点儿撞墙！在他们考不上大学时几乎抓狂！这时，才恍然大悟人们以“婆婆妈妈”来形容琐碎啰嗦的行径，并非刻意污蔑女性，的确是其来有自。原本温柔优雅的女性，年过五十，还能维持从容身段者几希！养儿不再防老，养儿的最大功效，在培养大人动心忍性。

五十岁的女人多半拥有业已成年、却依然幼稚的儿女，这种可大、可小的弹性，被孩子们要弄得淋漓尽致！当不肯受约束时，他们会即刻搬出《民法》中的“成年”定义来争取自由；需要金钱资助时，却又马上变回依人小鸟，口口声声亲情无价、母爱至上，揭橥同舟绝对必须共济！父母和儿女交锋，最容易验证台湾民主开放教育的成效。儿女伶俐、辩给的口齿和父母夹缠、矛盾的逻辑，恰恰是五十岁母亲情绪崩溃的元凶，也是民主进步的见证。五十岁的女人成天在断绝母子关系和修葺亲情间苦苦挣扎！花最多时间在赌咒、发誓和悔恨上，转眼却又被儿女不经意的甜蜜轻易收服。

年过五十，虽不至于万念俱灰，却真是心如止水。再没有小鹿乱撞的激情，只有笑看、旁观的怡然。人生诸多情缘俱化为涓涓流水，既无过不去的敌人，自然也谈不上莫逆，真诚服膺所谓的“君子之交淡如水”！对美丽有几近病态的喜爱，对丑陋却也无所谓能不能忍受。

年过五十，完全明白人生无法求全的缺憾，逐渐能易位思考，对荒谬微笑，和遗憾握手！以往，自认聪慧灵敏、身手矫捷，总想不明白，何以开车行经收费站，十有九次，怎么先生老选择最长的队伍等候！忍不住建议他见缝插针，改变跑道；而他一贯我行我素，择一而栖，不肯轻易更换。他的理由是：

“横竖总会轮到，选择了，便得安心等候，不要三心二意。否则，临时更换跑道，扰乱了行车的秩序不说，还得担负相当的风险。”

对这样的说辞，我一贯嗤之以鼻，以为虚词诡辩，不过是为反应迟钝找借口罢了！岁月无声流去，他一径慢条斯理，个性急躁的我却在移动的光阴中逐渐领略了不疾不徐、按部就班的不易。一日，在收费站前的长龙中，忽然顿悟，丈夫不肯更换跑道原来是一项值得称颂再三的德行，否则以我的暴烈、懒惰与苟且习性，若另一半缺少耐性，怕早就连夜潜逃无踪，细数起来，收费站前的车阵哪有我的缺点来得多！

年过半百，对个人的要求愈来愈少，对公义的追求却愈来愈强烈。因为知道人性的脆弱，所以，对别人逐渐有了同情的理解；也因为洞悉人性的弱点，理解没有了制度，难以规范人心，所以，对社会的制度及公义越发求全。年少时的独善其身，有了“姑息养奸”的新解，威权体制下被压抑的情绪，随着阅历的增长悄悄蓄积成爆发力十足的多管闲事：投书、打电话抗议、贴海报、写文章辩论……就只差没绑白布条上街头抗争，热血奔腾、桀骜不驯强过青春期的少年！

年过半百后，忽然萌生前所未有的好奇心与求知欲，推开保守、摒弃成见，锐意和新世界接轨！不认输地追赶新信息，顽强地和日益消退的脑力抗争！我低声下气向儿女请教，只为操作计算机软件；孜孜向学生叩问，只是不愿被时代远远抛弃！我勇敢尝试上网教学，让键盘替代黑板、荧光幕取代教室；利用最新计算机科技，以文字和图片储存最最古老的记忆。我像海绵一样，急急吸水，哪管水源来自何方！然而，匍匐前行之际，毕竟还是难免频频回顾。吐纳之时，虽偶露疲态，显得气喘吁吁，却不改顾盼自雄、旁若无人，完全不去想人生伊于胡底。

年过五十，以平均年龄分析，生命已向颓势逐渐歪斜。以人生历练归纳，智慧经验正臻高地。五十岁，说老，不算太老；说年轻，可不年轻！以往在筵席，总是敬陪末座，如今步步高升，距离首席不到几张椅。

负责俛首称是的时代已然过去，最新任务是绞尽脑汁开辟话题。生活的重心逐渐由情感的斟酌转移到器官的救济。一桌子吃饭，总有不识相的人开始为你计算卡路里；当你体态略显丰腴，即刻有人建议你到健身俱乐部去锻炼身体；当你步履稍微蹒跚，立即有人提醒你应该及时休息。可我才不甘心老在这未老先衰的议题里打转，春阳和煦、夏日鹰扬、秋高气爽、冬月映雪，四季各有其辉煌灿烂，若放眼不见繁花盛景，竖耳听不到莺啼燕哢，开口只道八卦短长，如何能跟苏东坡一样，在晴时多云偶阵雨的人生风雨中，从容地策杖吟啸徐行！

年过五十，虽然愈来愈贪生怕死，却从未认真从事攸关延长寿命的任何活动，五谷依旧不分，四体愈发不动。饭桌上，绝不煞风景地拒绝肥硕欲滴的蹄膀，平日喝咖啡像倒开水，计算机桌前一坐便是大半天。干眼症跟着五十肩，胃痛加上失眠，我都视之为天将降大任的考验。啊！年过半百，其实已胸无大志，一点也不想兼善天下，既没有本事做大官，也不想做什么大事，只偷偷祈求一点点的荣华，一些些的富贵，少少的美貌和一个跑不掉的丈夫。

一座安静的城市

廖玉蕙

二十余年前，我念研究所时，和一群年轻的伙伴，同时应邀参观金门。原以为逐波踏浪，将会是一趟旖旎浪漫的旅程，哪知汹涌的海浪，使得上岸的脸孔，个个变得惨无人色。十年前，我再度造访金门，和二十余个作家同行，甫下飞机，迎面便是端正的举手礼和亲切的“老师好”！几天中，我的那些被分派到金门服役的学生的殷勤接待，使得我的声望陡然在作家群中水涨船高。然而，首次金门行，醉翁之意不在酒，当然也不在山水。情窦初开的男女，除了盈盈的眼波外，哪容得下坚固无情的壕沟？再次的金门行，热切地和学生叙旧言欢，根本亦未曾把战地的固若金汤摆进眼瞳。问起金门印象，恍恍惚惚，一派模糊，只剩了炎阳烈日和参天古木。

今年九月，三进金门。因为公园解说员的精心策划，并仔细随行解说，金门展示了不同的面貌。无论历史古迹、传统聚落、宗祠家庙或者蝶鸟林木，都显得生趣盎然、饶富情味，使得三出金门时的我觉得意犹未尽、行囊丰盛。

所有的行程，都远离人口密集的都会。大部分的时候，我们看不到任何人迹。那日，到欧厝参观是唯一的例外。听说一场户外写生比赛正进行着，从旅邸出发时，大伙儿戏言是去参加画画比赛。古意十足的巷道中，已有若干家长领着孩子，摆好架势。空气里，充满着节庆般的欢愉。孩子们露出一本正经的表情，边看着景物，边动手勾勒着，当观众凑上前去想一窥究竟时，多半的孩子会假装若无其事，然而，脸上霎时泛起的红潮，则偷偷透露了心里的忐忑。几个沉不住气的家长按捺不住宰制的本能，始则以委婉的建议指点，继则以负面的言语批评，从取景、构图到颜料的使用，都絮絮叨叨；严重的，索性卷起袖子，取过色笔，开始为画面润色起来。被抢去画笔的孩子，有的嘟着嘴和多事的母亲理论着；有的干脆和弟弟打闹游玩起来，留给望子成龙的母亲尽情发挥的空间。

几个随行的画家也混迹于人群中，猎取中意的景致。他们把作画的孩子及家长画入作品中，也让自己成为孩子们作品里的风景。因为流连景物而推迟上车的他们，被同行者揶揄是因为参加颁奖典礼之故，毒舌派的作家当然没放过这个难得的机会，郑重其事宣布：

“雷骧先生得第三名，蔡全茂先生得佳作。”

顿一顿，清清喉咙，恶作剧地加注：

“第一名计十三位，第二名共十八位，第三名则有五十位，参加者一律列名佳作。”

接着，汽车在木麻黄、尤加利及各色各样不知名的行道树环伺的柏油路上行驶，除了偶尔几声的牛叫及鸟鸣外，整个城市似乎沉浸在沉沉的睡梦中。号称战地的金门，因为过度的安静，给人一种错觉，仿佛在静默中潜藏着不为人知的杀机。不管是古意盎然的珠山、充满南洋风情的得月楼、古宅纵横的蔡厝，甚或望远镜鸟瞰下的民俗村，一径是端凝庄重、简洁素朴的风貌。

车子在珠山错落的古厝间停下。迎着我们的，除了形同中古世纪废墟的房子外，就是正中的一塘池水。夏日已近尾声，却仍时刻听闻虫声唧唧，我们像一群冒失的入侵者，无意间闯进了一座犹自沉沉入睡的城市。

天色是浅淡的灰，塘水里映照的也是几抹浅淡的云影，几乎看不到天光。一群人下得车来，如辞根的九秋蓬般，在环绕的瓦舍危墙间自在行走。画家们选定了角度，便在纸上挥洒开来；一个认真的民俗研究者，拿着簿子和笔，以过人的求知欲，孜孜叩问，即便地上乱长的野草都不轻易放过。我信步游走，穿越一幢幢虽然老旧却仍焕发精彩古色泽的老屋，除了少数几幢屋子因院落间曝晒的衣着，让我们知晓应该仍有人居住其间外，几乎让人错觉根本是个废弃的村庄！正纳闷着当地的人都到哪儿去了？忽然一辆古旧的脚踏车从远处驰过，骑车的童子，频频回首望在后头徒步追赶的另一童子，因着距离，没能听到什么对话，却从嬉闹的姿势里，仿佛听到恣肆的笑声！整个村庄，因之陡然有了生气！

窄巷的尽头，赫然是一幢年久失修的楼房！隔着高高的围墙，可以想象墙内盘根错节的老树根及青苔遍布的阶梯上都被厚厚的落叶覆盖着，阁楼上的窗口边儿，仿佛还斜倚着一个绮年玉貌的少女，正将痴情的眼光凝睇着遥远的地方……正无止境地驰骋着想象，冷不防，一阵凉风飘然而至，我不禁打了个寒颤，急忙快步离开。

池塘的另一边儿，树倒屋倾，蛛网纠结。我们排除纠缠的枝杈，小心翼翼地踩过地上的青苔，来到过气的将军府。残破剥落的大厅，梁柱歪斜，叱咤风云的过往，徒然剩下几个镌刻于壁间的姓名，无端让人想起廉颇老矣，尚能饭否。再是盖世的彪炳功业，终归还是要随着四季的流转，被逐渐淡忘。将军府的邻居，隐隐传来压抑的电视声，我探过头去，从木制窗口看到一个老太婆正佝偻着背，面对电视机打着瞌睡，太平时序里的韶光，似乎正以平静迟缓的步伐悄然随着老人匀称的鼻息，越过蝶飞虫鸣的庭院，在山水之间悠悠荡荡。

地上牛粪处处，偶尔会发现正踩在干枯的鼠尸上，折翼的小鸟曝尸在怒长的草丛间；葛藤植物不客气地自窗棂间穿堂入室；在广漠的大地上，老天以无言之教，呈现生死荣枯的自然律则，只是，行走于其间的旅者，有否从中得到启示，则不得而知。

迥异于传统聚落的得月楼和附近的洋楼群也是金门极为珍贵的文化资产，它的建造印证了中国“锦衣不夜行”的光耀门楣传统。因为，有些洋楼的建构，只为光宗耀祖，并不真正居住。多数的创建者和他们的后代，仍侨居南洋，洋楼常委托亲戚代管。当我们在棋盘式井然有序的巷弄间穿梭参观，见到建筑的宏伟、建材的讲究及格局的新颖时，啧啧称奇声此起彼落，而一想到那么精致的建筑竟然无人居住、任其荒废，又不免喟叹不已！步行至一处无人居住的大宅院时，不知谁发现院落里的一株结实累累的龙眼树，高兴地呼朋引伴。于是，有人找来采摘长竿，挽起袖子，玩起幼年时偷摘番石榴的游戏；身手利落者，干脆一个箭步，跃上围墙、爬到树梢，来个大小通吃。树下的人仰脖加油，树头的人，愈战愈勇，一群中年人，仿佛又回到少年时代，欢喜地在树下分食甜丝丝的战果。

下午，转往蔡厝。身为蔡家媳妇的我，一入蔡家厅堂，见进士、文魁、武举的匾额高悬，竟有着与有荣焉的骄傲喜悦。外子收拾起一路嬉笑的愉悦神情，端凝肃穆地在蔡厝的十一世宗祠前拍照留影，并弓身入内，对祖先牌位一一顶礼膜拜。正好一位长者背着手，逡巡其间。当我们热情地告诉他，我们是来自台湾的蔡氏宗亲时，他并无预期的热烈回应，仅微微一笑，让我们不免略略有些失望。不过，继之一想，金门自开放观光以来，参观者众，前来认亲的人，何止百千！怎能期待如何惊喜的响应！如此一想，也就稍稍释然了。

依旧是千回百转的街道，依旧是默默不语的院落，只有几个老人聚在一块儿，有一搭没一搭地轻声说着话。转到一个四合院的晒谷场中，赫然撞见两个年轻人正和一桶子钓来的活鱼奋战着。看到我们，骄傲地向我们展示成果，血淋淋地刀起刀落，为这安静的城市装点了些不同的声势，这是做客金门三天中，难得看到的景致，在这看似安静的城市中，显得突兀。说起来有些诡异，金门原为前哨重地，历经烽火洗礼，原本应充满火炮烟硝才对，怎么看到拿刀的年轻人，反倒觉得格格不入？是公园内的古厝宗祠淡化了火药味？抑或年轻人口的大量外移，使得除了军队之外的人口年龄层急速老化，竟致岁月的脚步亦因之犹疑舒缓起来？

适合旅游的天气，些微的风，淡淡的云，空气中散发着慵懒的气息。车子在树林中奔驰，千奇百怪的树木从眼帘匆匆掠过，布袋莲盘踞的大池，静静仰卧在丛林间。经过了一天半的奔波，在回程的车上，大伙儿都显得有些疲累，有人在徐徐晚风的吹拂下困着了。

天色逐渐黯淡，车子由白天开进夜晚，也开进了和白日迥异光景的热闹繁华中。张灯结彩的饭店里，金门高粱挟带着丰盛的美食，召唤着每个饥饿的肚腹。然而，想起前日午餐时的深水炸弹威力，不禁隐隐警戒起来。前日，甫下机，公园的处长及副处长、课长、秘书、解说员等就一字排开，企图以深水炸弹的强大酒力威吓我们这群看似软弱的文人！颇有左良玉长刀遮客引柳敬亭就席的态势。谁知，文人、画家不让敬亭专美，即刻豪爽地举杯迎战，丝毫也不怯场。一顿饭下来，双方暂时打成平手。原以为一场深水炸弹的拼斗，势所难免地要在次日继续分出高下。岂知，公园处昨日的阵势原是虚张声势，背水一战的结果，已有多人面临阵亡的危机。因此，那晚，一上饭桌，不战自溃，始则顾左右而言他，继则频频讨饶！然则，酒量虽有待琢磨，但是，席上殷勤依旧，谈起当地山水屋宇、古迹名胜、一派怜惜，语调中的温柔，尤其令人印象深刻。

清代文人张潮曾在《幽梦影》中说："若无诗酒，则山水为具文；若无佳丽，则花月皆虚设。"将"佳丽"二字改为"朋友"，则庶几曲尽当日心境！山水、诗酒、花月、朋友，金门之行，样样齐全。如此人生，几回能够！

导读

廖玉蕙，一九五〇生，台中县人，东吴大学中国文学博士，曾获中山文艺散文创作奖、中兴文艺散文奖章、吴鲁芹散文奖等奖项，作品被选入台湾高中国文课本及多种选集。著有散文集《不信温柔唤不回》《妩媚》《如果记忆像风》《让我说个故事给你们听》《没大没小》《与春光嬉戏》《随时来取暖》《五十岁的公主》《像我这样□□的老师》。

《年过五十》描写女人对年龄的敏感和对应态度。五十岁，女人忌谈的年龄，四十还有一枝花，五十将老之年，对于具有美貌的女子，其心理恐慌可以想见。作者在理性与感性之间拔河，在幽默与自慰中位移，滑溜准确地表达从容面对的成果。年龄不一定是智能的函数，也不是美丽的大限，当然更不是世界末日，然作者优雅地展现五十岁应有的智慧与美丽，宽解年龄带来的困境。从容貌到处事为人到亲子关系、生活小节。像解数学习题一样，一题题解开，豁然开朗。文字紧俏，环环相扣，处理到滴水不漏。作者年少时的感性与浪漫似乎涤除一空，然理性的辩说，说服自己的成分大于说服别人，还是本性不移的感性浪漫人啊！还有一个贪点荣华富贵的平凡女子，这样的放松，读者会心一笑之余，想想凡人的可爱，也得到一点小人物的救赎。在廖玉蕙的文章中看不到悲剧英雄或崇高美学，她所有的是小人物的圆滑应世智慧，更接近现实中的婆婆妈妈，亲和力十足，让人无法抗拒，更无法辩驳；因为感性属于廖玉蕙的幽默多以自嘲为多，而不以讥人为务，这也是她的温厚之处，对人性是无伤也是无尽的包容。年龄都难不了她的女人，还有什么难得了她？廖玉慧的风格是清少纳言的机智、苏青的痛快淋漓，还有梁实秋的新古典，形成的奇怪组合。

《一座安静的城市》则是一篇兴味无穷之作。书写空间，如无布置，不免空洞，倘若只是写景，又不免留于静态，纵使是像金门这样精彩的城市。作者加入的动态桥段都引人发噱，如绘画比赛一节；年轻人杀鱼挥刀一节；蔡厝认祖一节，这些生动的细节，打破静态的景物描写，让画面生动，井然有序的写法虽较规整，然结笔不弱，引《幽梦影》：“若无诗酒，则山水为具文，若无佳丽，则花月皆虚设。”作者的文人风雅，虽有古风，这荣华样样齐全，皆在眼前，这便是作者画的一幅“繁花胜景”。

——周芬伶

澡堂春秋

古蒙仁

澡堂者，众人洗澡的地方也，和浴室纯属个人洗澡的地方稍有不同，台湾有所谓的“三厅电影”，指的是文艺片中经常出现的客厅、餐厅和咖啡厅；也有所谓的“三堂电影”，指的是江湖片中经常出现的澡堂、教堂和堂口。可见澡堂的格局较大，出入的分子也较复杂，绝非一般浴室可比拟。

从社会发展的历程来看，澡堂应是工商业发展之初的产物，这时人口开始朝都市及城镇聚集。居所普遍狭隘拥挤，很难有足够的空间作为浴室，邻里中的澡堂乃纷纷出现，一举解决了众人的沐浴问题。从卫生与隐私的观点来看，澡堂确实不尽理想，可是当时民智未开，众人在澡堂里裸裎相见，已习焉而不察；不敢进澡堂洗澡者，反而会被人另眼看待。至于卫生与否，不同澡堂之间的差异仍大，只要管理得当，注意清洁，也少有传染恶疾的情况发生，因此众人仍趋之若鹜，乐此不疲。

台湾早年的澡堂，有许多是日据时代遗留下来的。日本是个爱干净的民族，对洗澡尤其讲究，名堂多得不可胜数。最传统、最大众化的大约便是澡堂了。连男女都可共浴一堂，彼此相安无事，在大男人主义盛行的社会里，确实令人不可思议，可见洗澡在日本人心目中，是一桩何等神圣的事！澡堂的地位又是何等崇高！只有在这里，男女才能真正达到平等的地步。

台湾早年的日式澡堂，大体沿袭了日本人遗风，干净、卫生，唯一不同的是男女不能共浴。中国人讲究男女授受不亲，看来是比日本人保守多了。因此女澡堂自然得另辟一间，以应双方之需。

小时候，我住在台糖公司的日本宿舍里。宿舍区的澡堂正好在我家后面，一男一女，比邻而建。靠近我家这边的是女澡堂，晚上点灯时，大片大片的毛玻璃上还可看到纷乱杂沓的各种投影，就像我们小时候常看的皮影戏一样。不过并不很清楚，加上外围还有一道竹篱笆，挡住了路人的视线，否则谁还敢在里头洗澡？

因为这种地缘关系，从小我就和澡堂结下了不解之缘，对澡堂风光乃至于大众的洗澡文化知之甚详。其中的趣味与人情的温馨，都是现代化的浴室里无法看到的，原因无他，因为只有在澡堂里，大家才能真正水乳交融，裸裎相见。原形既已毕露，再深的城府、再善变的心机，也都无从藏匿，要想不肝胆相照也难！

日式澡堂的格局，大体上都是一致的，中间一个长方形的大水池。一边靠墙，设有冷热两个大水龙头，其余三边空出来让人汲水。为了防止人们滑倒，池内池外都是磨石子的地面。后端略高，两旁设有木柜，供人们存放衣物，再后方有一个木架高台，供小孩子换穿干净的衣服。因此空间并不很大，顶多只能容纳五十来人。而且经常云天雾地，水蒸气弥漫，益发显得拥挤热闹。

澡堂开放时间，从下午五点到晚上九点，由于僧多粥少，大家都想抢在前面洗最干净的水，因此每天下午四点半左右，澡堂门前就开始大排长龙了。这时候前来打头阵的，大多是小孩子和妇女，人人一手脸盆，一手换洗的衣物，一路摇晃着到此。男女两排，泾渭分明，除了年幼的稚子之外，男人休想鱼目混珠。大家边等边聊天，等到时间差不多了，一些顽皮的小孩便会抢先去敲门。那扇木门敲来砰砰作响，仿佛战鼓一般，一阵比一阵急遽，哪禁得起众人的拳头？因此每隔一阵子，就要找木匠来修理一番。

管澡堂的老人——我们都叫他“澡堂伯仔”，是个性格温和的好好先生，每次总要等到兵临城下，号角猛吹的时候，才慢吞吞地出来开门。栅门一开，外面的千军万马便像旋风一般，一阵呼啸，夹杂着哐哐的脸盆碰撞声，大举登堂入室。这下可好了，每个毛头小子都使出了看家本领，占柜子的占柜子，占池子的占池子，脸盆满场飞舞，加上呼朋引伴的尖叫声，澡堂的屋顶真会给掀了。他们飞快地脱下衣服，便冲往池边，原本平静无波的池水，霎时就像被暴风雨侵袭的海洋，洪流滚滚，波浪冲天，片刻也不得安宁。跟在后头的大人们进来后，天下早就去了一半，因此除非万不得已，他们都会避开这段尖峰时刻，吃过晚饭再来细洗慢磨了。

小孩们到澡堂来，除了洗澡之外，还可打水仗。大伙儿既是同学，又是邻居，一天到晚打打闹闹，在澡堂里当然不会罢休。尤其当澡堂里没有大人在场时，情况更是热闹，只要有人起哄，双方人马便会大打出手。不但在池子外打，用脸盆泼水互相攻击，到后来还会打到池子里，一颗颗小脑袋瓜载沉载浮，遂行肉搏战，总要等到“澡堂伯仔”拿棍子来恫吓时，双方才会鸣金收兵。

打水仗虽然过瘾，但小孩毕竟不敢明目张胆，只要有一两个大人在场，便会安分多了。尤其是冬天严寒时节，脱下衣服全身都要缩成一团，这时还有谁愿意光着屁股到处乱跑？大家飞快地洗净了身子，便飞快地泡到池子里。夏天时空荡荡的池子，这时便显得拥挤不堪了。不管是大人还是小孩，一个挨着一个，全泡在热腾腾的池子里，只露着半个脑袋在外头。半闭着眼眸，仿佛无限陶醉的模样。一向嘈杂的澡堂也安静下来了。只有氤氲的水汽，弥漫在小灯泡的光雾里。澡堂不仅显得寂静、温暖，也带有诗意。每个人都要泡得全身泛红，才愿意起来，这时便有足够的体温，来对抗外面的风寒了。

与男澡堂一墙之隔的，便是女澡堂，所谓的一墙，其实只有三分之二墙，因为屋顶的大梁是相通的，因此澡堂两边不仅空气可流通，男女双方也可互通声息。最常见的情况是一对夫妻临时有事，为了提醒对方，便在两边隔墙对话；妈妈有事要叮咛这边的小孩时，也会隔墙点名。一呼一应，一问一答，谈话的内容不外是：有没有关门窗？等下洗完顺便去买瓶酱油……等等，大家听在耳里，也不以为意。有时这边忘了带肥皂，还会要求对方用过之后丢过来，一不小心，这块从天而降的肥皂，还会打到别人的头，而引起一阵哄笑。总而言之，两边的浴室其实是相通的，双方的泼水声与喧闹声也清晰可闻，足可绕梁三日，与众人共享，这就是澡堂最温馨、最富人情味的一面。

我最初到澡堂见习时，是从女澡堂开始的，读者老爷千万别吃惊，以为我上错澡堂投错胎，不安好心。其实那时我年纪还小，只有五六岁，根本分不清什么男人女人。每次洗澡时都是由母亲押着去，我大概玩过了头，洗澡时常常打盹，母亲一边为我搓洗，一边还得打我屁股，免得我一不留神，睡倒在人潮之中。因此两三年下来，我对女澡堂的印象竟是一片空白。唯一记得的是里头特别嘈杂，女人天生的长舌果然厉害，哪户人家发生了什么事，当天一定传遍澡堂，所以洗了澡之后，左邻右舍的各种动态都可了然于心，大家心照不宣地拎了脸盆回去，都会有满载而归之感。

上了幼儿园后，我这半大不小的孩子，对于上女澡堂便觉得有些不自在了，因为老是会被其他小孩取笑。一方面女澡堂也有不成文的规定，到了这个年龄就该出师了，改由父亲带着到男澡堂洗澡。这项“改土归流”的措施，好像男孩的“割礼”一般，对我们小男孩确实是一种解放，因为妈妈总是唠唠叨叨的，洗个澡就像出基本教练一样，教人动弹不得。回到男澡堂之后，自然如鱼得水，要怎么翻江倒海，悉听尊便。再大一点之后，也不用父亲带了，每次洗澡都和邻居结伴前往，大家又洗又闹，洗起来真是痛快，自然不再视澡堂为畏途了。

我们宿舍区一向平静，加上彼此都是熟人，很少去提防什么。但有一天晚上，大约九点多的光景，女澡堂里突然传来骚动；有人尖叫，有人咒骂，还有匆促的跑步声和碰撞声，由于就在我家后面，听来特别清晰。我打开窗子去看，原来是有个陌生男子企图窥浴，由于行迹败露，当场被人逮获。正在洗澡的妇女们人人义愤填膺，坚持要把该男子拖进去修理。那男子站在门外，低垂着头，妇女们人手一桶，一桶一桶的冷水不断泼在他身上。他支撑不住，终于瘫在地上。由于人声鼎沸，路人愈聚愈多，最后有人建议将他押到派出所，大家才跟着慢慢散去。

这件意外虽因及早发现，未扩大事端，但已在人们心中投下一片阴影。尤其是妇女们，惊慌之色，久久不散，许多已不肯在夜间上澡堂，有些保守的甚至连澡堂都不敢去，宁可在家里简单地洗濯。直到半个月之后，才又恢复平静。当然大家也提高了警觉，澡堂伯仔职责所在，晚上常会出来巡逻，左右邻居也帮忙监视，连我这小孩也不忘探头出去瞧瞧，渴盼着再有黑影出现，好让我显露一下身手，不过以后这种事情就不曾发生了。这个倒霉的窥伺狂偷鸡不着，还弄了一身腥，已成了女澡堂里流传最广的一则笑话，一辈子翻不了身。

这件事情大概给父亲不少刺激，加上我们小孩不断长大，一家大小老是扶老携幼地到澡堂洗澡，确实不大方便，便在厨房边加盖了一间浴室。从那时起，我们就不必再到澡堂里跟人凑热闹了。每天放学回家，我便得蹲在火炉前烧热水，听到火炉内轰隆轰隆的燃烧声，心头也跟着雀跃不已，毕竟这是属于我们自己的浴室，左右邻居中能拥有澡堂的，真是少之又少，相形之下便显得幸福多了。

每年秋冬之交到翌年春分，是糖厂“动”的时节，所谓动，就是糖场开工榨甘蔗了，糖厂附近的酒精工厂也要跟着动工。提炼酒精剩余的酒精水滚得烫人，在严冬时分正是最好的热水。澡堂每年到这时节，都不用烧水，而将这酒精水直接引到浴池里，供大家使用。由于没有限制，根本不用考虑节约用水，大家洗来格外痛快，因此每当酒精水一到，澡堂里总会欢声雷动，大家洗得格外有劲，这大概是一般澡堂里难得见到的景观了。

这酒精水的输送水管，刚好经过我家门口，粗大的水管隐约露在地面之上，就像人体的筋肉里跃跃欲现的动脉血管一样。当酒精水日夜不断地流过时，水管上的泥土都会被烫成白色的粉末，宛如土拨鼠翻过的痕迹一般。父亲灵机一动，接了一条小水管到家里的浴室，酒精水便滔滔不绝地流了进来。这时节，浴室里二十四小时都有热滚滚的水，盈盈注满了浴缸。我们每天早上起床第一件事，便是泡到浴缸里，起来后再冷的天气都不用怕了。晚上睡觉前也一样，谁要是感到寒冷，便到浴缸里泡一下，保证血脉贲张，躺进棉被里马上就能进入梦乡。

这酒精水的妙用，逐渐地便在邻居间传开了。有些不愿到澡堂里洗澡的人，央得母亲同意后，便改到我家来洗澡了。一传十，十传百，在邻人奔走相告之下，来我家洗澡的人愈来愈多。母亲是个好说话的人，几乎有求必应，不久之后，我家已经成了名副其实的公共澡堂了。每天晚上吃过饭后，来洗澡的人便如过江之鲫，穿梭不停；有些人还没到，便先拿脸盆或水桶来排队，曲曲折折，有时还会排到大门外，真是伟矣壮哉，不知情的路人还会以为我家在开水桶店呢！

这些热情而善良的邻居们，进得门来，少不了要找母亲聊聊，母亲也是天生的聊天高手，聊出兴致时，有些妇女连澡都舍不得洗了。吵吵闹闹的情景，完全是公共澡堂的翻版。等她们一一洗濯完毕，挽着脸盆挥手说再见时，夜也差不多深了。留在院子里的只有纵横四处的水渍，以及一屋子弥漫的水蒸气。母亲虽然乐此不疲，却把我们的生活秩序全弄乱了。早知如此，还不如到公共澡堂里洗澡，耳根子还比较清静一点呢！

读高中后，我因负笈他乡，离开了故居，家里也在两年之后迁离宿舍区，日式的澡堂和浴室从此远离了我的生活圈，代之的是莲蓬头与塑料帘子。虽然较干净、卫生且具有隐私，但我总无法习惯。尤其天寒时节，不泡到浴缸里，总觉若有所失。直到四年前我由美返台顺道到日本旅游，才重温了正宗的日式澡堂的旧梦。

我在那诣所一共住了七天，白天忙着四处观光，晚上才回到诣所里。那时恰好不是参诣的季节，诣所里冷冷清清的，只有几个大学生住在里头。洗澡时人也不多，顶多一两个人共浴。我一个人浸在氤氲的池子里，时而凝神谛听寂静的水流声，时而观察日本年轻人沐浴的动作，但觉清宁和平，心如止水，与幼年时澡堂里乱哄哄的情景，宛若两个世界。

当然年龄与心态都不一样了，时空的变迁也如过眼烟云，就像池面上氤氲的水气，聚散飘逸、无从捉摸，只有身体内的一股暖流却恒常不变。即使在异国最寒冷的冬夜，在最陌生的土地上，它依然那么亲切地拥抱着我。其实那股汩汩的声音，就是源自我的童年，从故乡的澡堂一直流到天涯的另一个澡堂。我在这段曲折的旅程里，听到了最真挚、最纯朴的乡音。

导读

古蒙仁，本名林日扬，云林县人，一九五一年生。辅仁大学中文系毕业，美国威斯康星大学文学硕士。著有《雨季中的凤凰花》《黑色的部落》《流转》等。曾获《中国时报》文学推荐奖、吴三连文学奖。

追忆少年时代，虎尾糖厂的公共澡堂旧事，对故乡云林的作家而言，毋宁是生命最美好的记忆。本文所陈述的，不独是作家的“乡愁”，更是成年后离乡在外的轻浅哀愁；回溯本身就是一种难以忘却的纪念。

很多年后，作家到日本旅行，不忘重温少年时在故乡公共澡堂的经验，却已是中年的沧桑之心。京都诣所，冷清平静，作家“时而凝神谛听寂静的水流声”回想年少时“澡堂里乱哄哄的情景，宛若两个世界”。这正是心境转换的强烈对比。大学生涯北上都会台北、服役，进入报社工作、留学美国……远游的作家走得再迢遥，难忘的依然是故乡云林虎尾糖厂及自家的澡堂记忆。

古蒙仁年轻时以报导文学、小说成名甚早，往后以散文行世。其散文特色无不与台湾市井庶民生活息息相关，笔触温暖有味，自嘲之外自有人情义理之肃然，亦呈现台湾城乡风貌，允为“小市民代言者”。重要的是，人如其文，谦和平稳之外，自有一番对深世的感慨，亦不失对多变的台湾提出可感的诤言。

——林文义

第四章　往事漫漫长长

一想起那些值得怀念的人啊，往事就变得漫漫长长。

姆妈，看这片繁花！

奚淞

母亲的手，灵活而优雅，像菩萨的手，无时无刻不在照顾和护卫着家人。

有一回，父亲大概是被照拂得太过，有点不耐烦了，抱怨道："你看你，终会把家里的孩子都宠坏——"

母亲不好意思地笑了，把手插进棉袄里暂时躲藏。这双手自有奇特的生命，一不小心，就会烹煮出过分精致的菜肴、织出太厚暖的衣物，这是她自己也无法控制的事。

我童年最深的记忆，也跟这双手有关。

幼年时，因为战乱，我一度远离双亲，被寄养别家，直到五岁才重回父母身边。回家后的我，忽然从乖顺中爆发了躁恶的脾气，经常与哥哥们缠斗不休，时时啼泣耍赖。出于一种难以表达的心灵匮乏和饥渴，我做一切行为，无非想博取父母的关注，特别是母亲更多的优宠。

记得是一个冬夜，我终于有机会傍着母亲睡了。我蜷缩、隔着黝深如洞穴的厚棉被，依稀感觉到母亲平和的呼吸。我悄悄伸出手，像伸向无穷遥远的世界：朝母亲的方向。

姆妈！我摸到了，你的手！

母亲并没有睡着，在黑暗里，她也轻轻回握了我的手。

我的心狂喜、跳跃。一切过早的忧伤和不安，都在母亲温暖的一握中平抚。

在此后的岁月里，我是如何依恋着母亲的手啊。直到因过分熟悉，而终于无视这双手的存在了。

成长后，另一种向往和饥渴，导引我去探索属于艺术的天地。我又离开了家庭。这回，我走得远，那是大学毕业后，到地球另一端的巴黎去学画。

而父亲竟遽然去世了。

父亲一向自夸强健，他的死讯带给我的震撼多于哀伤。当我慌忙搭机飞返台北，更令我惊骇的是母亲的模样。一身未换洗、不合身的灰布丧服，骤然霜白而蓬乱的头发上，胡乱结一朵不成形的白棉线花。看见我，枯而黑的脸颤然，仅咧开嘴，显示了无言而黝深的哀恸。

我在巴黎三年，任性地做自己艺术家的梦，不察觉间，岁月竟来催讨所有积欠了。父亲去世，母亲能健康而平安地活下去，应比一切都更重要。

我从旧书摊买一大堆内容轻快的杂志和小说给母亲，希望能转移她凝定不化的哀伤。翻开书页，她视线茫然滑开。我这才发现：她不只是失去了阅读的习惯，视力也坏到早该配老花眼镜了。

我烹煮一些肉类食物，笑闹着端到她面前，想引动她的食欲。母亲千百无奈地咬嚼两下，趁我转身，又偷偷把食物吐在碗背后。我这才发现：她不只是因悲伤而忌肉食，她的臼齿早已缺损多时，并没有人促她去装假牙。

谁想到一径照顾人的母亲，其实已经到了最需要人照顾的时候呢？配眼镜、装假牙，母亲都顺从地做了。可是，母亲仍不爱吃，也不看书。她两手像是无事可做，一支香烟接着一支香烟地抽，从笼罩的烟雾里，追寻往事踪影。

为逝者折纸钱的时候，母亲的手才又活起来了。银亮的冥纸，在她的手上灵巧转动，瞬息间成为平整的元宝，翻飞飘落在她膝间的竹篓里。这时，她对自己仿佛有片刻的满意，抬头半开玩笑地问我："反正我已经没用了，到纸钱店接工作，折银元宝赚钱吧！"

看母亲折纸钱的手，学美术的我有了新的狂想：为什么不让姆妈学画画呢？

母亲无奈地说："你不要再寻我开心了，我哪里能画画？"

趁一股孩子胡闹的狂劲，我把画架、画板、画纸、画夹和彩笔都准备好，一股脑堆置在母亲面前。看到一切郑重的装备，母亲呆了。

以后，好一段时日，我假装不在意，偷偷观察母亲的动态。我看到她在画架前片刻的徘徊、片刻的犹疑、片刻的尝试。这一生没有为自己做过多少事的她，开始怯生生地拿起铅笔，试着在纸上轻淡地画一粒花生米大小的孩子，然后匆匆忙忙涂抹掉，生怕别人看见。

我没想到：真有这么一天，母亲会认真而着迷地画起画来呢。她从旧书里翻出一些过时的画片，以刺绣般的耐心，一笔一笔地临摹。

一天，母亲在房里独自大笑起来。许久没听到母亲笑声的我，惊奇地冲进房，只看她一边笑，一边遮掩画纸。

"画得好丑，难看死了。"母亲笑着说。

我看到了。画的是一个三十年代打扮、穿旗袍的女人，侧身站在镂花的窗边。稚拙的铅笔痕擦了又改，直到那苗条的女郎天真地巧笑起来。原来，母亲临摹的是金嗓子歌后周璇的旧照。当周璇高歌《龙华的桃花》时，也正是父母亲在上海相识、相恋的年代！

从记忆深处寻到图像，母亲的郁结似找到宣泄出口。她居然一张又一张地画起画来了，起初画妇人、孩子，然后就狂热地画起花来，黑白的画面上，开始添加颜色，由淡雅趋于绚烂。

看母亲蓬松着斑白的头，鼻端架了老花眼镜，聚精会神凑近艳丽的花朵细心描绘，有时竟连炉上煮着饭菜都浑然忘却。我才了解到：在母亲心底,也藏着一个从未被人注意过的艺术家呢！这艺术家是子女长成、丈夫去世后，才被释放出来的。

这段日子，应是母亲晚年最愉快的时间。她画画，也不厌其烦地为我一件又一件缝制唐衫。住在靠新店溪的三楼公寓里，闲来可眺望一片水田和觅食的白鹭。夏天夜晚，她手挥羽扇，坐在窄小的阳台上乘凉。楼上新婚的郑先生用绳子吊一串葡萄下来，逗引得她大为开心。

母亲的性格也变得开放潇洒。记得有一回，我陪她到景美巷落里的小戏院看武侠片，电影离开演还有一段时间。戏院门口泥泞又嘈杂，找不到歇脚的地方。母亲左右望望，忽然一屁股坐在门口的水泥矮阶上，自得其乐地笑着说：“我就坐在地上，反正没熟人看见！”

就这样，母子两人并肩坐在地上等着看武侠片，像小孩一般乐着。

母亲画花，我受她纯稚的画风诱引，也在工作之暇画起花来。住公寓，没有自己的花园，然而两人所画的花，高低挂满四壁，母亲怡然行走其间，颇得意地说：“这就是我们的花园。”

一个晴日黄昏，阳台上的母亲眺望新店溪彼岸山头的夕阳，她忽然画兴大发，拿了水彩笔，飞快地在纸上涂抹起来。一向慢工出细活的她，此刻连颜色也顾不得斟酌，十分钟就完工了。

“太阳落得真快，我好紧张哦，眼不敢眨一下，还是来不及画好它。”母亲遗憾地说。

匆匆的笔触，天空渲染成异样澄澈的晴蓝，一轮巨大浑圆的红日半沉半掩，被母亲的画笔留滞在山头。当时，我看母亲这幅简单得接近抽象画的水彩，只是不甚在意地玩赏。如今事隔数年，母亲已经去世，翻开旧画夹，这幅画触目而现，令我怵然震动，再度感受到那一日留不住的夕阳，一寸寸没入山脊的威严与庄肃，同时也感觉到母亲的笔触从急迫中流露多少的爱和依恋。

前年秋天，母亲忽然病发，得的是肺气肿引发的心肺症。才入院，她即陷入半昏迷和呓语状态，我和哥嫂姊姊都被这令人措手不及的病变吓坏了，大家日夜轮班照护，也不见丝毫起色。

危急关头，动气管切开手术。只见白发蓬散、面色灰败的母亲被飞快地由手术房推入加护病房，白被单下的颈间切口冒出血沫，转瞬装置在人工铁肺下。

这是我平日亲爱又慈祥的母亲吗？为防她自手术麻醉中醒来惊悸、妄动，双手都被纱布绑定在金属床架上。此外，她一身上下都装插了各种管线：药水点滴、心电探测、排泄装置……当身侧巨大的人工铁肺单调响动，白被单下，显得异常瘦薄的母亲胸脯，便也机械地随响动而起伏。

床后的心电图幕跳动十分混乱，望着那忽高忽低的数字和曲线，我完全呆木了。母亲必须交给现代的医学处置，这冰冷而正确的现代医学，可曾把病人的恐惧、孤绝和忧伤都计算在内？望着母亲陌生的模样，我的双手仿佛被剁断，头脑也被剜空了。我什么也不能做、什么也不能想……

第一次出院，母亲成了类似中风后，言语有障碍、行动有困难的人。

即使如此，能由病院回家，仍是多么快乐而可寄托无限期望的事。

夕阳依旧穿透我家三楼落地窗，斜晒到挂满花卉图画的墙壁。穿绒睡袍的母亲也依旧坐在画框下的小沙发上。她轻微痉挛了一下，转过头来看我，展开一个迅速得不自然的微笑。那微笑，像是向我表示回家后的欣慰。而我却分明从她的眼中读到一种深刻的疑惧，对自身状态的疑惧。

像要抚平一根飘散的头发，或是拂去一粒看不见的微尘，她的手因努力上举而在半空中剧烈颤摇。母亲带着那奇特疑惧的笑容说："我的手……以前……会做好多事的……"

客厅里，乍然变得那么沉寂，沉寂得令人发慌。姆妈，快点好起来吧！

心肺症是随气候冷暖变化而发作的。此后一年中的母亲多次发病。家、救护车、医院，最后因陷于瘫痪而进疗养院。我始终不能习惯而勉强自己去习惯，一次次踏入医院，如受法官宣判般接受经常性的检验报告，强充笑脸去握病床上母亲的手，去传述好转的一切契机。

我从家里取来了画，张贴在病院空白得可怕的墙上。我发觉这样做有多重好处。病床上母亲的眼睛有了依附，由这张画移往那张画，而不茫然地瞪在没着落的半空。一些职业化、冷峻如冰的护士踏入病房，惊讶地看见画，会突然轻缓了脚步，和悦地问起有关画画的问题。甚至连每日扫地的清洁妇，也会手拿拖把，叉腰赏画老半天，跟母亲愉快地谈起天来。

这时候，母亲的脸上闪过一丝得意。有了这些画，恍惚也是自己喜爱的家了。最令我惊讶的，是母亲在肉体上备受折磨、日趋衰弱的同时，她竟表现出那样的忍耐和强烈的求生意志。

一回，她在床上紧握住我，对我一字一句清晰地说："以前，爸爸死的时候，我以为自己不想活，想跟他去。现在我想活，想活得更好……"

在记忆中，脾气温和的母亲很少这样斩钉截铁地表达过自己。我凛然感受到一种超乎语言的威严。母亲的眼睛无影翳地瞪视着我，深邃而神秘，仿佛传递出直接来自生命本体的讯息微光。我低下头来，禁不住热泪盈眶了。

阳台上，母亲曾日日灌溉的一盆海棠，乏人照应，竟也开得红艳一片，像病人挣扎的呛咳，迸溅出无数细碎的花朵。

母亲终于去世了。

最后一次，我坐在母亲的身体前。无可言喻的失落感，使我饶舌地向她说起话来。我说了又说，不可自制，常以为母亲会突然微笑、坐起身来。

可是母亲毕竟不动分毫。而她那半握半张的手啊，我忍不住去抚摩。这是曾经抚爱了我童年的手。这是做家务、打毛线、缝唐衫的手。这是画花卉的手。可怜，这也是病中颤抖、如受酷刑般注射多少点滴药水，被捆绑在病床边肿胀的手。

如今，这双手犹留着瘀伤的青紫，静静弯曲垂落，像枯萎了的花朵。

姆妈！你的手，依旧是我最爱的手啊！

突然间，我有奇异的触动。我觉得母亲并不在这受伤的身体上，而是如空气般包围了我，并且微笑着从某处望着我。

是谁说的？一切过去的，都不曾真正消失，点滴都被记录进生命的大书里。

此刻，我翻开母亲留下的画夹，里面有妇人和孩子的素描、吹笛走向归途的少年、庄严的夕阳风景……一切并没有消失，全都记录得非常完好。还有，一幅幅美丽的花啊，摊开来，就像一座最丰饶的花园。

姆妈，面对这一片繁花，我又看到你的微笑了。

导读

奚淞，一九四七年生，祖籍上海。艺专美术科毕业，法国巴黎美术学院研究，曾任《汉声》杂志编辑、《雄狮美术》月刊主编。离职后成为专业画家。

绘画是他最大的兴趣，此外，他更拥有一支文学的彩笔，礼佛尊佛的心，因而培养出对万物、众生特殊的洞察力和同情心，写出中国神话故事里的动人情思，寻找出深沉于神话深处的美。以尊崇之心恭绘观音，也以悲悯之心关怀众生，他的散文大体上是由这样的两个方向辐射而出，读者可以体察到他的生命之爱，他对生存空间的关怀与细致之情。

他的经典散文就是《姆妈，看这片繁花！》，其中有母亲的美、母亲的爱，虽然母亲已经不在，但是从题目的繁花来看，我们知道他早已悟出生命的无常与循环，了悟生死之必然与偶然，心中是平静的思念，文章最后他说："姆妈，面对这一片繁花，我又看到你的微笑了。"心中竟是一片澄澈。

这篇散文以母亲的手作为叙述的主轴，一开始就说是"灵活而优雅"，这也正是奚淞散文特质之所在，这样的散文或许是这样优雅的母教下的优美成果吧！而且，他又将母亲的手提升到"菩萨的手"，"无时无刻不在照顾和护卫着家人"，这样的菩萨心、菩萨手，闪现在奚淞的画下与笔下，我们不能不承认母亲教化的作用与功能。

——萧萧

不 如 相 忘

吴 晟

又是清明时节，天气却晴得出奇，既无纷纷细雨，也不见丝毫阴云，早晨灿亮的阳光，照耀着整个公墓。

全乡各公家机构派出的代表，陆续前来，齐集在属名为怀宗堂的厝骨塔前。九点钟左右，阳光逐渐透出燥热的气息，大家终止交谈，站成数排，举行公祭。

我是代表我任教的学校而来。

这是吾乡第三公墓，紧邻本村东侧，邻近数个村庄的道路，和乡民的脚步，无论坎坷与否，泥泞与否，终究一一引向此地。而这座厝骨塔，就在公墓中央，前年实施公墓公园化后，才建造完成。

公祭仪式非常简单，不外乎献花、献果、献酒、读祭文，不多久即祭拜完毕，各自离去。

大家到底是怀着怎样的心情在祭拜呢？可有些微虔敬或感伤？或者

只是交差式的应付？从他们匆匆离去的情形，我不得而知，我的心情十分黯然，只因父亲的白骨也安放在厝骨塔内。

厝骨塔内密密麻麻建了无数排木橱，高及屋顶，每一排木橱分成无数格，每一格的高度和宽度，刚可容下一个金斗瓮。装着父亲白骨的金斗瓮，和所有亲族的金斗瓮，一个紧挨一个排在一起。

默默走进塔内，很快寻找到安放父亲金斗瓮的位置，拉开木门看看是否安好，默立良久才走出来。

厝骨塔前的广场，搭了数排板桌，早已摆满鱼肉和四果。独自站在台阶上，放眼整个公墓，四处都是前来扫墓或烧香祭拜的人群，络绎不绝。思绪不停起伏，片片段段的回忆不断涌现。

年少时候，每年清明节日，我们都跟随父亲和同公族的亲戚，一大群人去公墓祭扫祖先的坟墓。

只是当时小小年纪岂懂得死别的悲伤，何况父亲幼年即丧父失母，我们无缘和祖父母一起生活，更不识任何祖先的颜面。

整个公墓约占八甲[①]多地，遍生草莓、龙葵等野果，我们一大群孩童，常只顾四处寻觅野果采食，哪里顾得扫墓。与其说是去扫墓，还不如说是抱着好似郊游凑热闹的心情，趁机去游玩更恰当。

直到父亲独自留在公墓等待我们前去祭拜，年年清明节日，我和弟妹仍随同公族亲戚，在约定时间一道去扫墓，只是带领我们前去的，已不是父亲，而是满怀悲戚的母亲，这才真正了解死别的伤痛。

当大家一起祭扫过阿祖、阿公、阿嬷等公族内每一门“公墓”，各房收拾祭品，各自分散，母亲便带领我们到父亲的坟前。

---

① 甲：计算土地面积的单位，1 甲约合 14.5 亩。

母亲常念念不忘父亲最喜欢清爽的环境，因此都要费不少时间，先将父亲坟上的杂草清除，重新铺上嫩绿的草皮，再将四周打扫干净，才叫我们跪在坟前，一面祭拜，一面将家中情形向父亲禀告。在母亲悲伤的哭声中，我们怎么禁得住汩流而出的眼泪？

父亲去世那一年，两个姊姊早已出嫁，大哥远在国外求学，起初那几年清明节，都是我和弟妹，还有几个父亲生前极为疼爱的子侄辈，随母亲去祭扫父亲的坟墓。

而后我从学校毕业，返乡教书，并结婚生子，两个妹妹先后完成学业，偕同夫婿远去外国做生意，弟弟毕业后则在警界工作，每逢假日反而更忙碌，不能赶回来，几个子侄辈也都纷纷出外谋生活，这些年来，便只有我和妻及我们的子女随母亲前去。

然而子女跟随我们同去祭扫父亲的坟墓，看来也和我年少之时随父亲去扫墓一样茫然无知。

于今父亲去世整整二十年了，但时间并不能减却思念，而是将思念沉积得更深更厚。父亲的影像，父亲的言行，在我的日常生活之中，时常一再涌现，尤其我自己当了父亲之后，逐渐更加体会父亲在生之时，对我们的种种操劳和苦心，想念父亲之情，愈加深切，愈加绵密。

远居各地的兄弟姊妹，每年清明节虽然未能回来祭拜父亲，也很少再提起父亲，但我深信，他们对父亲的思念，必然也是深藏在心中，只是不忍提起，不愿徒然增加彼此的伤心。

遗憾的是，俗语说日有所思夜有所梦，而我却很少梦见父亲。

只记得父亲去世不久，曾有过两个夜晚，父亲站在我床铺旁的窗边，好似有很多话要告诉我，我却一句也听不见，父亲脸上的表情显得很急切，我也感到愈来愈着急，极力挣扎想听清楚父亲的话，终而出声喊叫父亲，此时父亲的身影却逐渐隐退，我一急醒了过来，已泪流满面，沾湿枕头，啜泣良久。

或许父亲并非不在我的梦中常常出现，只是我对父亲的思念已化作每日的生活中，到底是梦，还是思念，已难分辨清楚吧？

早上临出门时，我询问母亲要不要准备祭品去厝骨塔前祭拜，母亲平淡地说：拜只是拜个心意，你们父亲不一定真的知道，何况已无坟可扫，无墓可拜，不拜也罢！等我老去以后，你们也不必拜我，不必想我。

等我老去以后，你们不必拜我，不必想我。这是母亲最近曾有过多次的感叹，每次听了，都怅然良深，内心隐隐作痛。

或许父亲的心情也和母亲一样，为了顾念我，不愿扰乱我的心绪，不愿我们因思念他而徒增悲伤，不如彼此相忘，只是父亲因车祸猝然去世，来不及如此交代，因此才强忍住想念，不来我梦中相会吧？

然而，父亲倾注了一生给我们的慈爱，是这样深，我们怎能相忘？这样深的系念，怎能切断？父亲应该知道，我是多么希望父亲来梦中相会啊！

店 仔 头

吴 晟

乡间每一个村庄，都有三数间小店，当我们称呼为店仔的时候，纯粹是指一般的小商店，当我们说店仔头的时候，却是另有更复杂的意义。

店仔是都市文明输入村庄的前哨站，是村民日常用品的供应站，当然也供应一些可有可无的消费品。至于什么是日用品，什么是消费品，则随着社会的变迁和每个家庭的生活情况，而有不同的区分。

以卫生纸来说，就在十余年前，大多数村民，都还使用洋麻秆劈成两半的“屎杯”时，在村民的心目中，卫生纸是高尚的奢侈品，而今却是家家户户不可或缺的日用品。

店仔也是乡下囝仔郎最向往的地方，一些比较低廉的饮料、饼干、糖果，以及不断翻花样，随着电视广告不断侵进来的零食、小玩具，时时都在引诱他们的注意力。许多乡下家庭少有三餐以外的食品，所以特别稀罕吧！一旦好不容易要到了零用钱，大都握不了多久，随即会往店仔跑。

每间店仔的店内店外，都摆上几张椅条，让村民闲坐，夜晚和下雨天，通常都坐满了村民，大家来去自便，无须多礼，至多刚来或要走之时，随意打个招呼，自然而然成为村民平日固定的聚会场所。

而且，每间店仔的门前，都植有一二棵树荫浓密的大树，大部分是种榕树，尤其是在夏日的中午，树荫下更是坐满了、站满了休息的村民，一大群小孩子，则四处奔跑玩耍，非常热闹。

这便是所说的店仔头了。

村民聚在店仔头闲坐，难免会讲东讲西，或者就农事交换意见，或者就时事发些议论，或者就村内发生的事件，品评一番，大家不拘形式、不论话题地交谈，谁都可以任意发表自己的见解和看法。

店仔头是村子里的传播站。

因为有店仔头，村子里的哪一家哪一户，有什么喜事，有什么值得赞扬的好事，或有什么不幸，有什么公认不应该的行为，大家都能很快获得消息；因为有店仔头，大家都不太可能有隐私，谁家有多少田产，甚至谁家最近有什么较为可观的收入，大都清清楚楚；因为有店仔头，村子里才能呈现一些热闹的气息。

曾有几个受过高等文明教育的子侄辈，对店仔头的论人长短，甚表反感，他们长期在外读书，少与村民接近，不能体会店仔头对缩短村民之间的距离，功劳有多大，他们不能了解，在这闭塞的乡间，店仔头对促进村民之间知识和情感的交流，有多重要；他们不知道店仔头无拘无束的议论，是多么公开而坦朗，能够充分发挥贬恶扬善的功能。

这种坦荡荡的生活态度和习性，我实在想不出有什么不好。

店仔头的议论，即使有些偏差，却都是真诚的，并不像有些传播机构，时常刻意歪曲事实。大家日日相见，谁愿为了逞一时之快，黑白讲，颠倒讲，以致失信于共同生活、息息相关的乡亲呢？

因此，店仔头的人开讲，其权威性并不逊于电视或报纸，况且村子里的人和事，哪有多少机会上报？店仔头的人开讲，就等于地方性的传播机构，若非有店仔头，村民彼此怎能迅速地沟通？

村民聚在店仔头，除了开讲开讲，尤其是在下雨天和寒冷的夜晚，当然也常有三五个男人，兴致一来，便搬个桌子，大家围在桌边，或坐或蹲，一瓶米酒，一包花生地对饮。喝得兴起，免不了吹嘘自己，或调侃别人，或发点牢骚，感叹感叹人生的运命，在笑闹中，在唏嘘中，互相安慰，互相激励。

我晚上较少时间去店仔头消磨，而母亲每天吃过晚饭后，如果还不太累，时常会去店仔头坐坐，听些新闻，回来再择要转述给我听。

母亲既不识字，也不看电视，也不听戏曲，村子里不少和母亲一样的老人家，我常想，对他们而言，店仔头是多么亲切的地方。

导读

吴晟，本名吴胜雄，一九四四年生于彰化县溪州乡。屏东农专就读时即出版诗集《飘摇里》。二〇〇〇年退休后，曾担任南投县驻县作家一年，其后担任静宜大学兼任讲师。著有诗集《飘摇里》《吾乡印象》《向孩子说》《吴晟诗选》；散文集《农妇》《店仔头》《无悔》《不如相忘》《一首诗一个故事》《笔记浊水溪》等。

《不如相忘》是作者深情思念父亲之作。从清明扫墓谈起，原本有墓可祭拜的，后来公墓公园化，父亲的骨灰便装在一个金斗瓮，排在厝骨塔的木橱格子里。当作者临出门时，询问母亲要不要准备祭品去祭拜，母亲平淡地说：“拜只是拜个心意，你们父亲不一定真的知道，何况已无坟可拜，无墓可拜，不拜也罢！”如此话语让作者内心隐隐作痛，想到父亲不常入梦，可能不愿我们思念他而徒增悲伤，不如相忘。其实“不如相忘”才是真正的无法忘掉，作者书写思父之情，真挚而感人。

《店仔头》描写村庄乡民温馨生活的情形。由于店仔是都市文明输入村庄的前哨站，也是村子里的传播站。因为店仔头是村民互动缩短距离的地方，在笑闹中，在唏嘘中，互相安慰，互相激励。作者不但描写了店仔头的功能外，也刻画台湾农村真实生活面貌，但是这样的店仔头，不知何时也会消失掉？

——羊子乔

怀念张光直先生

王德威

一九八六年春天，我仍在台大任教。某日突然接到张光直教授的电话，约我见面。前此我虽久闻先生大名，但因所学不同，美台两地相隔又远，并无缘相识。记得那次是约在圆山饭店中餐厅。张先生个头不高，但精神健朗，目光炯炯。他开门见山地告诉我，哈佛东亚系现代中国文学一职，正考虑聘任我，而他趁来台会议之便，想要多了解我的背景。

尽管张先生有“任务”在身，而我又是他面试的对象，但那顿饭却是吃得轻松自在。我们聊现代文学的种种，而我也好奇地向张先生请教考古学界的趣事。直到席末，张先生才顺口提到，他是台湾人，父亲是鼎鼎大名的台籍五四文学健将张我军。这就是张先生吧：亲切实在，风华内敛；对晚辈的担待提携，不遗余力。一个月后，我得到哈佛的聘书。

八〇年代中期，台湾出入境管理仍严，我就算向往哈佛的工作，也不大可能贸然离开教职，前往面谈。事后得知，张先生愿意借出差的机会，屈尊在台北与我见面，是我得到教职的关键之一。套句老话，张先生于我，真是有知遇之恩。到了哈佛后，他仍然一派轻松本色，不时探问我的工作情况，也常约到小馆中一叙。尽管我们的辈分专业不同，有了台湾那段难得的会面经验，彼此都有亲切的感觉。而这感觉，更因为同在哈佛的地利之便，与时俱增。

张先生望之俨然，但只要一开口，立刻给人即之也温的感觉。记得有回哈佛中文组开春节餐会，张师母李卉老师主其事，号召大伙包饺子招待学生。那天学生来得特别踊跃，我们忙得不可开交。最后来“探班”的张先生索性脱了毛衣，卷起袖子，专门负责下饺子，一锅又一锅，不亦乐乎，中场还不忘得意地自我表扬，他捞饺子用的是考古技术，所以一个也不破……还有一回燕京图书馆的张凤女士请吃饭，张先生夫妇是主客，席间他透露不仅好吃，也会做菜，还能唱歌呢。大家起哄要他高歌一曲——好像当时仍读博士的汪跃进还自愿来段军歌作为暖场，但张先生到底不为所动。那晚宾主尽欢，大概到今天还有座上客如我者在猜想，张先生如果真的开了金口，又会如何呢?

一九九〇年我离开哈佛，转赴哥伦比亚任教。一九九六年春曾赴台湾“中央研究院”任客座研究员。当时张先生已应李远哲院长之邀，担任学术副院长一职。张先生回台工作，曾是台湾人文学界的一件大事，而他也不负众望，推动了不少新计划。可惜的是，他的健康状况已经大不如前，做起事来，想必常有事倍功半之叹。我特别清楚地记得在活动中心吃饭，他仍坚持一切自理；走起路来，也是一步一步，不假他求。每每突然跌倒了，大家都看着不忍，上前要扶一把，他却摒挡我们的好意，一边喃喃地说：自己跌倒了，就要自己爬起来……

我常回想，这是简单的道理，但张先生一辈子在学问上，在生活上，一定是最坚实的奉行者。而表现在外的平常姿态，就更令人肃然起敬了。再过几年，我读到张先生自述早年在台大因“四六事件”所蒙受的种种迫害，时过境迁，写来毫不见火气；他的坚强与宽容，真是毕生的修为。

最后一次见到张先生，是一九九九年的春天。我们的同事张光诚先生去世，系中同仁为他举行追思仪式。光诚先生赴美前曾是中广公司的名播音员，也正是光直先生的胞弟。他的去世，为家人带来极大悲伤。听说我们要举行追思仪式，张先生打了两次电话，殷殷询问筹备细节。他的语音含混，我必须借李卉老师的转述才得明白。末了他决定自波士顿亲来纽约，参加追思仪式。以先生的健康状况，这是趟有风险的旅程，但我理解先生的心情。记得先生的座车开进哥大校园，颤颤巍巍地由家人搀扶着坐上轮椅，我和同事商伟都感到万分感慨。商伟也出身哈佛，也曾受到先生的照拂，而我们现在所能做的，真是太少了。追思仪式哀戚肃穆，先生和他的家人多次落泪不能自已。但他要送光诚先生最后一程的心愿，毕竟达成了。

在哥大的那个下午，看着先生衰弱的身形，有许多话到了嘴边，还是忍住不说了。他所需要的，不再是一二“多多保重”的泛泛之词。没有人能取代他的辛苦，以先生的个性，他可能更需要的是有尊严的，而且是平常而有尊严的，走他自己的路。时间渐渐晚了，先生必须上车回去了。当我们把先生安顿到后座，他回过头来握着我的手，含含糊糊地说着。他说了什么我到底也没弄清楚。我轻轻地拍着他的肩膀，告诉他下回到波士顿再去看他。

我当然再也没有机会见到先生了。最后的几年，他过得辛苦，也许终于累了，要休息了。而作为一个学问与生命的强者，他依然不时来到许多晚辈的心影中。我怀念张先生，不只是因为他的学问及生活的纪律，而是在纪律（和压力）之余，他总能用另一种态度，找到解脱——哪怕是多么短暂的一刻。又想起在中研院那段日子，一天中午在餐厅吃完饭后回房间，他一个不稳又跌倒了，勉强站起来后，他竟向我挤挤眼，说房间里有人送来棒冰，一种红豆的，另一种花生的，要不要一起来吃个棒冰，聊一聊？如果说我从先生学到什么，那这正是难忘的一课。

（谨以此文纪念张光直先生逝世二周年）

导读

王德威，一九五四年生，威斯康星大学比较文学博士。曾任教哥伦比亚大学东亚系，现任哈佛大学讲座教授、台湾“中央研究院”院士。著有《从刘鹗到王祯和》《众声喧哗》《阅读当代小说》《小说中国》《想象中国的方法》《如何现代，怎样文学？》《众声喧哗以后》《跨世纪风华》《被压抑的现代性》《现代中国小说十讲》《历史与怪兽》等。

王德威治学严谨，然而书写论文，却往往能够将冰冷理性的学术语言，翻转出文学的象征、隐喻、感性以及趣味，故他在学术界、文学批评界或是出版媒体界，都具有举足轻重的影响力，并且能对文学作品指出权威性的褒贬评价。在《怀念张光直先生》一文中，他却以温婉、质朴而从容不迫的笔法，刻画出一个谦恭宽厚的学者形象，没有运用多余的修辞，或是夸饰的辞藻，然而师生之间深远真挚的情谊，却已是透过生活的种种细节自然流露出来，充满字里行间。

——郝誉翔

一滴清泪

曾丽华

窗外细雨澌澌，窗内飞鸿似雪。十二月这最冷也最热的季节，人人竞相驰函贺年，我站在办公室的雪堆里，每日的工作竟也无异于铲雪。

它的卡片上画有圣诞树一棵，图案平凡至错过它可能更易于找到它。不意在打开间飘然落下一叶细笺：

“……因患帕金森症，手腕僵而无力，书法不易成形，预期明年岁末将无法再以寸笺致贺乞谅。”

“吾友尝告我以其尊翁晚年，一生文稿，堆积生蠹，家人乘其外出时付之一炬。先生返而见之，叹劫数不已。我雅不愿我之手稿遭同样命运，故乘今日尚勉强能工作之时，将其整理，选出若干篇，依其性质，分别汇辑，亦敝帚自珍耳。酷望明年如期完成。”影印字如黑影掠过雪地。

虽然气若游丝，字迹在软弱中仍不失其高贵。投我以悲伤而礼貌的微笑，披着落叶一般的外衣，起身并且动身，我觉得自己也随之而肃立，“不然，你留于此，待你不见我后，你当亦如此离去。……”从兹而去一路清吉，那身影仿佛以倒退的方式前进，进入那密布窗眼的高楼广厦，进入那混沌忧郁的尘网如织，更多更多的卡片从雪里埋去，整个世界是一片洁净的墓冢。逝者含笑，生者衔悲……

圣诞树下印有小诗数行，似乎以梦幻提醒阅者耳目：大意为“……这棵小小的茸树不由暗自饮泣，它没有任何耀眼礼物可供呈献给圣婴。既无缤纷繁花又无甜美果实，可引群鸟栖息和鸣，资材平庸，只把自己哭成形如泪滴。天使在天闻此迢递哭声，目睹此孤独怔忡，形若泪滴之小树，心生悲悯，便将此树覆以星与月之光，并轻颤以蝶翼与翎毛之彩，小树顿生夺目光彩，使天下之美，尽在于斯。小树发其光焰，一夜不散。此为第一棵圣诞树之始……”

一张薄笺，一首代简小诗，一字一字坠落心底深处……信与卡片在膝上逐渐模糊，冬日下午很快凋逝入夜。一颗星球寂寞地自转了一圈，由昼入夜。车潮与人潮，擦过冷肩膀无数，黑与灰的城市，在光线不佳时反显其美，其轻。这一年我们都在流行说：“死有重于泰山轻于鸿毛者。”那绵亘无尽之千门万户，拉开屋墙，各自是一个故事，即使如斯渺小，也各衔其小小悲欢。如斯伤痕累累，也因日久不觉其痛反觉其可亲。这都市之轻，鸿毛之轻，昆德拉之轻，亦是生命中无法承受之轻。

我在台北。二十世纪末，十二月的潮湿傍晚。四十岁，不惑抑或不动心？故成熟而谨言慎行，不放错一个脚步，人际关系只求去芜存菁？故成熟而勇于做错——如果必要，并承受一切因果？不再梦想筑屋于海之滨，数风晨月夕，毋宁冥想于尘嚣弥漫中。不再试裁新衣，毋宁着一勤于洗濯之旧裳而备感舒适自由。四十岁，渐可看见尚未发生的发生，体会尚未死亡的死亡。若失活水，反可鉴于止水。四十岁喜生活规律，故能日日登同一旧阶，填一般表格，仍深迷不悟。

因雨，台北街车如长龙沿街画去。塞车如罐头食品，已以一种文化著称。俗物亦可成为雅事，人亦学会如何在烟迷破碎的都市里，找寻自己心灵的丛林，如何舍康庄大道不行，择崎岖小径匍匐，幻想最幽微的探险。

台北忧郁如网。快乐使你自信，忧愁使你仁慈。雨中独驶，恰如独白与独奏，其切磋之雅，晶圆有如珍珠。现代生活，何以如此之博？又如此之约？车窗紧闭，发丝间仍有雨味。而仅仅几码路之行驶，收音机便告知你几千万里路外之事。撒切尔夫人，其光辉如珍珠，而今珠坠楼空。菲律宾广播电台左耳是圣乐与诗歌咏赞声，右耳是叛乱与枪击掠夺声，有人喃喃："上帝如果我忘记你，你可别忘记我。"当东方与西方相遇？阿拉伯文字由东到西，拉丁文字由西到东，飞沙走石里，有人甚至扬言要把科威特从世界地图上抹掉，"弑一人者凶手，弑百万人者征服家，弑全人类者上帝。让美国人在自己的血里泅泳！"然而你不明白，何以出此残言者有如此温柔，不语似无愁之双眼色？尔后我们又晓以外交地图上多升起一面国旗，飘在另一蕞尔小岛上。你以为外汇存底八百亿是凭空而降？有人激辩怎么可以忘记那涓滴四十年？这同时闪过脑际的却是晚饭的着落如何，用什么炒蛋？在西红柿与洋葱之间匐匍？那个为演好电影而忽胖忽瘦如手风琴之女演员如今铅华收拾，隐匿在玻璃工房之最晦暗的角落里，神情若出自幽谷。那个戈尔巴乔夫大魔术师，在黑海滨聆听肖邦及含饴弄孙后，把自己也给变没有了。王安公司呢，王安今又安在？民有饥色，饿殍遍野，但那摄影家却赞叹："埃塞俄比亚山川之美，人民之美，是我生平所仅见。我在这里找到我真正内心的和平。"

记忆与遗忘，那两张脸孔是互补的。满天讯息如云，是朝我来抑离我去？而那独具美感之红砖建筑流入左肩膀时，你看见前方两个公交车驾驶在红灯前隔窗热烈喊话，当知交通大战已经偃旗息鼓，此去一路顺畅，和平终于在望。踩住煞车，并提醒自己晚饭后打电话给同事，十年交识之稔，从未见她如此落泪：“金宝今天早上走了，我找了它几个钟头，又湿又冷，它会冻死饿死。你不懂，等你到了我这退休垂暮之年，就了解最可依靠者是动物不是人类。”

明日气象预测是阴时多云短暂阵雨或雷雨有雾。关上收音机，流行歌曲虽好却总无法卒听。

舒伯特之歌声华溢耳。他一生谱出逾六百阕之歌曲，使你不得不唱他的歌。车行渐缓，我总是在前方黄色交通灯闪烁之际减速，自小杂货铺与樱花树旁右转入巷，一种你永远无法震撼之关系，这如归之感。

雨停有雾。把手插在因肌肤而温暖的口袋里，我所渴慕的一个单一的世界，一个小小姿，一个拥抱，一张桌子，一张椅子，一副眼镜，一个书与信的夜晚。窗内一灯如豆恰可当一星如月。两个孩子先后睡去。哥哥说弟弟耳朵似贝壳一般好看，唯抱怨说虽喜欢他的面目但不喜欢他的心理。弟弟高度较扶床时又增许多，忽焉说要画画，新鲜蜡笔不好画，新生手足也灵敏不足。恐怕早秀也不如晚获，记得给孩子双足与双翼，有根知其所归，有翼任其翱翔。

清晨忽有鸟声倾泻如丝缎之落。我看见鸽子展翅朋朋往亮处飞去，无雨，这一天会继续很美。整个冬日我将只重复一梦；收此书时，另一薄笺翩然而落：

“此书或早我而至，或晚我而至，或永远无法抵兄之手……”书若巨石，掷地有声。

小树原若清泪一滴，清泪之轻，落地无声，飘若一星，名为圣劳伦斯之泪，取其清亮。

导读

曾丽华，一九五三年生，广东人，台湾大学中文系毕业，美国旧金山加州州立大学中文硕士。作品量少质精，文学纯度高，著有《旅途冰凉》《流过的季节》。其婉约澄净风格如同唐绝句。诗人杨牧称许“风格在冷肃中见深情”“遂创出一种高度平衡、清明朗静的文体”。

《一滴清泪》以友人来信始，又以来信终，疾病、死亡、中年、战乱、记忆与遗忘，书本与书写，一种深沉的悲哀化为一滴清泪，作者举重若轻，以一小线拉出一大庄严主题：神圣与慈悲。神圣不可捉摸，慈悲却无处不在。在死亡蔓延之年，圣人也会流泪，凡人也只有含悲承受。作者早期文章清丽而轻巧，中年转入深沉，底蕴更见深厚，格调亦高。

——周芬伶

爱的无字天书

小野

1. 爱不要留空白

认识她五个月后正好是年底，于是买了一本当时颇流行的无字天书（The Nothing Book），厚达三四百页，为了用“苦肉计”感动她，于是在每一页都画一点插图，或写上一些句子，给她当日记本来用。

刚开始用彩色笔画了一些小花、小草和小狗、小猫、小老鼠、阿米巴、葡萄，渐渐地就画了一些连自己也不认识的小东西，画累了就胡乱写一些自以为是很有哲理的话：

“把生活刻在我的皱纹里吧，我的孙女儿。”

“你看透人生的苦难，因此你两眼昏花，休息一下吧，老兄。”

“他是一个盲者，他见不到世间的不平，也见不到光辉。”

哲理写了一大堆，就开始写一些温柔的话语，像：

“宝贝，我猜你今天不够快乐，告诉我，为什么？”

“宝贝，多吃一点，多睡一点。”

爸爸看我埋头苦画苦写，就说：“你这是要送给她当日记本的？”

我说：“是啊。”

爸爸摇摇头说：“留一些空白给她自己发挥吧，不要变成你自己在写日记了。天下没有像你这种人。留一些干净的地方，请你手下留情。”

于是，我留了一沓完全空白页没有画，在上面写着：“你总该有完全是自己的世界。”

爸爸看了，又笑了，说：“你还是写了呀。哎，你太啰嗦了吧，我的儿子。”

于是我在那一沓空白页的最后又加了一句话：“有一天我封了嘴，这个世界就将寂寞了。”

2. 爱不要说谢谢

为了让她耳根清净一下，我不再喋喋不休了，于是想到一招可以很快画完的方法。从下一页开始我画了一只简单的鸟，上面写着：“天空飞来一只鸟……”

下一页，画两只，再下一页，画三只，再来就四只、五只、六只，我很轻松地往下画着，画到最后都不知道自己画了多少只鸟了，只好在某一页用笔点着一整张密密麻麻的点，然后写着：“不用数，满天都是始祖鸟，因为爬虫类起飞了。”

可是距离要画完一本书还有很厚很厚的页数。就这样，我画了快两星期。最后倒数第二页，我画了一个人在打呵欠，并且说：“哇，谈恋爱真累。”

最后一页，写着：“打电话服务就来！”“爱不用说谢谢。”

3. 亲爱的亚当

她拿到了这本“无字天书”——其实应该说一本“非常啰嗦而唠叨

的天书”之后便开始密密麻麻地写着每一天的心情。她的日记是写给我的，所以每一天的开头都用英文写着：“亲爱的亚当：”

从此亚当和他的夏娃便一步步朝着建立一个新的家庭，创造新的新新人类而努力。

她从渴望要一个全新的家，到成为我的老婆，然后有了自己的孩子，在密密麻麻的日记中记载着她的快乐和辛酸。那些密密麻麻的字就好像我在书上为她所画的那一页密密麻麻的小点，她的心情如同爬虫类变成了始祖鸟，真正开始飞翔了……

她的日记一直写了两三年之后，开始会跳着写了，也开始出现了空白。日记中不再有“亲爱的亚当”了，反而出现了一些自我勉励的话语和《圣经》上的句子——那是婚姻生活中最艰困而漫长的日子。她不断承受来自我在工作上的压力，也独自完成了许多家庭中最琐碎的工作。她在日记上变得沉默，并且大量空白。

她的日记写写停停也跨了十年，正好停止在我所写的那一页：“天空飞来一只鸟。”

从此底下便完全一片空白了。

我望着底下的一片空白，只剩下我自己画的鸟，一只鸟、两只鸟、三只鸟、四只鸟、五只鸟……满天都是始祖鸟……

我望着这一页页的空白，想着她的坚持和毅力，仿佛就是一本无言而沉默的无字天书，好像什么也不想多说，却让我感受到那一种强韧的支持力量。这几年，当我逐渐将生活及工作都移回家中之后才更看清楚从前她所走过的那一段好长好长的日子，是那么孤寂而坚强。

她是一个守住承诺的情人，为了爱的缘故，她把自己的生活变成了一本厚厚的、充满爱的无字天书。

我翻动着那本在十六年前就画好的那些粉红色的小鸟想着："也许，现在才是她真正能自由在天空飞翔的时刻吧……"

导读

小野，本名李远，一九五一年生于台北。台湾师范大学生物系毕业，美国纽约州立大学水牛城分校分子生物研究所及助教。七十年代开始创作小说及散文，以《蛹之生》《试管蜘蛛》《封杀》等作品广受瞩目，并获《联合报》小说首奖。八十年代投入台湾新电影运动，创作电影剧本三十部，多次获得亚太影展及金马奖最佳编剧奖。九十年代除继续创作散文，并有童话、卡通动画、青少年小说。

小野多年来的散文，近乎诗人陈义芝所形容的："有现代生活精神、现代感的童话，是晚近小野最大的成就，在他的散文里也呈现出天马行空的'现实想象'……他是在改造现实，以不需世故的思想、言语、姿态，构筑人间新的桃花源。"

小野冷眼热心地睨看世间芸芸，自有他一向温润、平和的识见。《爱的无字天书》呈现其从女友到妻子的观察过程，犹如静静流淌的爱之河流，文中从一本厚达三四百页的《无字天书》，画上小插图，题上句子给所爱的女子当日记本用，到十六年后，成为"妻子"的女子，在书写日记的十年后，此后六年全然空白，"才更清楚从前她所走过的那一段好长好长的日子，是那么孤寂而坚强"。夫妻之间一种默然却盈溢的灵犀在心，这是小野一向的文学思索理路，如同其人之温润、平和。

——林文义

第五章　余生皆尽欢

愿你的余生里，怀揣无限乐趣，度过很多的分，度过很多的秒。

布 衣 生 活

刘 静 娟

白饭

十个人开会，吃便当。菜很好，没有油炸的食品，菜式也多。只是每人一大杯白饭，显然无法吃完。有人提议分着吃，完整的可以留下来，“免得浪费”。

有人无奈地说：“可是谁愿拿回去呢？这已经无可避免的是浪费的时代了。”

“还是可以尽自己的力量减少浪费的。我可以带回去。”一个人这么说了之后，另一个说她丈夫爱吃蛋炒饭，也可以带两杯回去。

好可爱，一向大家在外头吃饭，吃不完的菜打包虽已成共识，但有时也会嫌麻烦，何况是白饭？第一次有人想到把白饭带回去，在我看来该得创意奖了。

我们这一代还保存着不暴殄天物的性格，儿子却曾两次不耐烦地说：“这么一点剩菜你都舍不得倒掉，那你看到我们在军中一大桶一大桶地倒怎么办？”

我在外面吃酒席时，自然也知道大盘大盘的菜肴撤走后，身份马上变成“厨余”。但我比较愿意揣想它们还有用处，比方成为猪的食物；军中倒掉的食物应也尚有利用价值吧？至少可以喂军营里众多流浪狗。而在家中倒了就倒了，只是“垃圾”。

儿子说每天看军中那般“大手笔”，再看我省的不过是一小碗食物，简直弄得他要“价值混乱”“精神分裂”了。我只能说这不是多少的问题，而是观念问题。而且家庭中的食物，是最容易保持新鲜、最容易不浪费的。观念饶是如此正确，却没有影响他。有一次，一条只上过一次餐桌的红烧鱼隔一天再端出来时，他叫：“吃这么多天，这条鱼还在！都要进化成两栖类了。”

电缆桌子

年轻女孩告诉我她在住家附近捡了一个电缆线大木轴，兴高采烈地“滚”回家；上面用旧床单铺平，用剩的窗帘布车一条有荷叶边的桌布装饰，再花四十块钱买一面透明塑料垫铺上，就成了一张很棒的咖啡桌了。来跟她学琴的孩子、陪着来的家长都喜欢在那儿看书，她自己也喜欢和家人在那儿写字、聊天，快乐得不得了。她叫我去她家玩，重点也是它，“看到它，你会有很多写作的灵感。一张漂亮的咖啡桌，才花四十块！”

我看着她欢悦的脸，说道：“你自己已享受到创作的快乐了。”

我羡慕她。前不久已有朋友告诉我电缆木轴的妙用，建议我为乡下的新家添个桌子，“你们那边新小区，一定可以捡到。”

听起来好浪漫，我每次去新家，也果真认真东张西望，可是不曾看到；倒是去同一个小区的秋芳家看到一个。

她的房子两层楼，底下一层完全没有隔间，铺原木地板，开阔的空间伸展到阳台。阳台有很好的景观，视野所及是一大片山林，和点缀在群树中的几个红瓦屋顶。

为了不辜负这样的好风景，她在阳台上摆了一张电缆“餐桌”，两把椅子；早上在这儿吃早餐，晚上在这儿吹风、聊天。而为了保存原始风味，也为了和外面的风景呼应，那桌子完全未加装饰。

看起来很美，听得我也要流口水。她屋子里有一些古董家具，墙上又处处是她在一张前身是大会议桌上写的或在地板上“狂扫”的大格局书法，配上外面的风景和一张朴拙的废物利用的餐桌，人文风味十足。

布衣

在一家小服饰店里，被一件有金色花卉的上衣吸引。问店员，是手绘的吗？她说是。摸摸另一件飘逸的洋装，问她是棉布的吗？她自豪地说：

“我们店里的衣服全是棉质的。夏天穿棉布衣舒服，脾气好。”

“脾气好？”一向只知棉布衣服吸汗透气舒服，最合自然；但，脾气好？

“对啊，穿棉布衣服，不会闷骚，脾气当然好。”

不会闷骚，我又一惑。不过马上意会到她的意思是不会闷“烧”。

我一直喜欢棉布衣服，喜欢它的朴拙自然实用，今天却是第一次由店员的话里对它的“性格”多一分体悟。

没错，棉布衣服，尤其胚布做的衣服，夏天穿起来最舒适。

大约十年前我曾有一阵子自己染胚布、做衣服的热潮，现在还在穿的有两件。

其中那件没有染色的，第一次穿它时有朋友揶揄我穿“滤豆浆的布”，还有一个说如果我在上面画上一双相握的手，“就更像了”。——像四十年前的少年穿的美援面粉袋做的衣服。

这样的“赞美”好像为它添加了价值，我穿得更自在。它的颜色愈洗愈好，几次出国旅行也穿得“不卑不亢”。半长袖，在长途飞机上可以挡风凉，也小有睡衣的功能。在太阳底下，它可以阻隔阳光，又不会闷。

它最风光的一次旅行是在意大利西西里岛，胚布上衣搭配多年前在印度买的一条褐黄绣同色大花的布长裙，再戴一条在尼泊尔跟西藏少年买的牦牛骨雕项链（有时是一条褐黄丝巾），很是自然本色；穿戴着它们走在锡拉库萨的露天大剧场，或阿格里真托的神殿之谷，都使我“踌躇满志”呢。叫作“神殿之谷”，因为这座山上有好几座古希腊神庙废墟，连一棵橄榄树都有千年岁月。我们去看的神庙包括和谐神殿、朱诺、朱庇特、大力士赫拉克勒斯等。土黄巨岩巨石柱，以及倾圮、躺卧在地上的巨人，厚重威严又柔情，诉说着希腊诸神的故事和希腊的精致文化。闲闲行走其间，我注意到自己的衣服与背景非常调和，是一个站在黄土地上小小的大地子民。甚至可以遐想自己是生存在古希腊的一个女子了。

后来照片洗出来，果然是那回旅行几卷照片中最好看的一部分。我把它归功于一身布质衣服。

导读

刘静娟，一九四〇年生于彰化县员林镇，彰化女子商业学校毕业，长期担任副刊编辑、主编，长于散文写作。刘静娟的作品宁静淡逸，文采娟秀，取材周边人事，更以书写孩子的成长史等一系列篇章知名，温暖有爱的家庭生活与婆娑树影是她作品的主要元素。重要作品有《岁月就像一个球》《心底有根弦》《载走的和载不走的》《咱们公开来偷听》《布衣生活》《阳光小语》等。

刘静娟的作品，总是透着一股温淡的芳香甜味；那是温润人间的情味。《布衣生活》是由三个段落组成的生活组曲，传达素朴知足的生命哲学。《白饭》讲的是俭朴哲学；早年在喜宴的场合，人们总会竞相打包菜肴，现在则是相互推诿，总嫌打包回家给自己找麻烦。刘静娟以打包白饭的生活小事，诠释俭朴的生命哲学；老式的观念总被新世代讪笑，刘静娟却希望从中寻见新意义。新不必然优于旧，创意总是在最纯粹的元素中演绎出来，形式愈简单，内涵的丰富性才得以破框而出；《电缆桌子》与《布衣》皆然。“电缆桌子”废物利用，可以创造个人风格，比高级品牌、名家设计的桌子更具独创性生活美学。“布衣”不仅舒适，还攸关“性情”，“穿布衣脾气好”，一语说中自然与人文的奇妙关联。在西西里岛，刘静娟以一袭自然飘逸的布衣，把自己融入黄土大地之中，那种美丽风情，不需修饰、不必注脚。

刘静娟的作品，流漾着一股幽然静美，她笔下的生活美学，温淡有味，不夸示、不必多加诠释，是喧哗人间难得一闻的清音。

——杨翠

玉 山 去 来

陈 列

1

去年四月初，我第一次登上玉山主峰顶的时候，那种宇宙洪荒般的诡谲气象，刹那间就将我完全震慑住了。

我是凌晨三点钟临时跟随着一支欲观日出的队伍从山庄出发的。一开始，崎岖的碎石小径即在无边漆黑的原始冷杉林中穿行，一直循着陡坡面曲折上升。出了海拔约三千五百五十米的森林界限以后，队员已因体力的不一而断隔为零落的好几截；我看到他们的手电筒或头灯的微光点缀在上下的数个路段上，在黑暗里摇晃。那些不时闪现的人影、岩坡和低矮的圆柏丛，全如魅影。

由于没有了树木的遮挡，风稍大了，夹着森冷寒气，从难以辨认的方向绵绵袭渗而来。裹在厚重衣服里的身躯，却因吃力攀爬而是热的。四周也仍相当安静，只有偶尔从那寂寂黑色中响起的前后人员的传呼应答，或是石片在暗中某处唰唰滑落滚动的声音。我一边听那声音在我身旁飘浮悬宕，一边听着自己的心跳和踩在碎石上的跫音，步步地继续往那黝黑的高处摸索，仿佛是史前地球上的一个跋涉者。

经过几小段碎石坡以后，矮树也渐少了，风，却更强劲，阵阵拍打着身边的裸岩，咻咻叫。我斜靠在一处树石间休息，脚下的急斜坡淹没在黑暗里，而很远很远的底下，是数十公里外嘉南平原上和高雄地区依稀聚集的灯光。天空仍是浓浓墨蓝，只有很少的几颗很亮的星。

路愈往上愈坎坷，呈之字形一再转折，沿松脆的石壁而上。我尽量调整呼吸，配合着放下每一个斟酌过的步伐。而就在这专注中，天终于开始转亮，晨光渐渐，在我身旁和脚下开始幽微浮露出灰影幢幢的巉岩陡崖。惊惧的心反而加重了。

到达位于玉山山脉主脊上的所谓风口的大凹隙时，形势大改。山野大地好像在我来不及察觉之际忽然在我脚下翻转了半圈；上坡时一路被暗暝庞大的岭脉遮住的东边景观，转瞬间出现在我一下子舒放拉远开来的眼底里。大斜坡、深谷、北峰，以及从北峰倾斜东去的山岭，都在薄薄的曙色风雾中时隐时现。寒风嚣叫，从那属于荖农溪源头的谷地吹扫过来，沿着大碎石坡，直向这个风口猛冲。我紧紧倚伏着危岩，努力睁眼俯瞰错落起伏的山河，心中也一阵阵的起伏。

然后，当我手脚并用地爬过最后一段颤巍巍破碎裸露的急升危棱，终于登顶后，当我正是气喘吁吁，惊疑的心神还来不及落定时，迎头罩面而来的，便是那一场我从未见识过的高山风云激烈壮阔的展览了。

一片洪荒初始的景象。

大幅大幅成匹飞扬的云，不断地一边绞扭着，纠缠着，蒸腾翻滚，喷涌般绵绵不绝从东方冥冥的天色间疾速奔驰而至，灰褐乳白相间，或淡或浓，瞬息万变，衬着灰蓝的天，像飓风中翻飞的卷丝，像散发，狂烈呼啸，汹汹冲卷，声势赫赫，一直覆压到我眼前和头上，如山洪的暴溅吟吼，如宇宙本身以全部的能量激情演出的舞蹈，天与地以及我整个人，在这速度的挥洒奔放中似乎也一直在旋转摇荡着，而奇妙的是，这些云，这些放肆的乱云，到了我勉强站立的棱线上方，因受到来自西边的另一股强大气流的阻挡，却全部腾搅而止，逐渐消散于天空。

而在东方天际与中央山脉相接的一带，在这些喧嚣狂放的飞云下，却另有一些几乎沉沉安静的云，呈水平状横卧，颜色分为好几个层次，赭红的、粉红的、金黄的、银灰的、暗紫的，彼此间的色泽则细微地不断漫漶濡染着，毫无声息，却又莫之能御的。

然后，就在那光与色的动晃中，忽然那太阳，像巨大的蛋黄，像橘红淋漓的一团烙铁浆，蹦跳而出，云彩炫耀，世界仿佛一时间豁然开朗，山脉谷地于是有了较分明的光影。

这时，我也才发现到，大气中原先的那一场壮烈的展览，不知何时竟然停了。风虽不见转小，头顶上方烟云却已遁去，好像天地在创世之初从猛暴的骚动混沌中渐显出秩序，也好像交响乐在一段管弦齐鸣的昂扬章节后，转为沉稳，进入了主题丰繁的展开部。

我找了一个较能避风处，将身体靠在岩石上，也让惊骇的心情慢慢平息下来。

2

啊，这就是台湾的最高处，东北亚的第一高峰，三千九百

五十二米的玉山之巅了，嵚崎孤绝，冷肃硬毅，睥睨着或远或近以绝壑陡崖，或瘦棱乱石、断然阻隔，或险奇连接着的神貌互异的四周群

峰，气派凛然。

名列台湾山岳十峻之首的玉山东峰就在我的眼前，隔着峭立的深渊，巍峨耸矗，三面都是泥灰色带褐的硬砂岩断崖，看不见任何草木，肌理嶙峋，磅礴的气势中露着狰狞，十分吓人。我想，在可预见的未来，我是绝对不敢去攀登的。

南峰则是另一番形势：呈曲弧状的裸岩棱脊上，数十座尖峰并列，岩角峥嵘，有如一排仰天的锯齿或锐牙。白絮般的团团云雾，则在那些墨蓝色的齿牙间自如地浮沉游移，阳光和影子愉悦地在狞恶的裸岩凹沟上消长生灭。而二公里外的北峰，白云也时而轻轻笼罩，三角状的山头此时看来，相形之下就可亲近多了，在绿意中还露出了测候所屋舍的一点红。

中央山脉的中段在似近又远的东方，大致上，或粉蓝或暗蓝，从北到南一线绵亘，蜿蜒着起起伏伏，自成为一个更大的系统，两端都融入清晨的天光云色里，中间的若干段落也仍被浑厚的云层遮住，但浮在云上的一些赫赫有名的山头，却是可以让我快乐地一边对照着地图一边默默叫出它们的大名：马博拉斯、秀姑峦、大水窟山、大关山、新康山……它们一一来到我的心中。

我站起来，在瘦窄的脊顶上走动。落脚之处，黑褐色的板岩破裂累累，永在崩解似的。岩块棱角尖锐，间杂着碎片与细屑，四下散置。我就在这些粗粝又湿滑的碎石堆中谨慎戒惧地走着，辛苦抵挡着从西面吹来的愈来愈强盛的冷风。

我勉强张眼西望，看到千仞绝壁下那西峰一线的岭脉和楠梓仙溪上游的一段深谷，都蒙在一片渺茫淡蓝的水汽里。阿里山山脉一带，则远远地横在尽头，有如屏障，山与天也是同样粉粉的淡蓝，只是色度轻重不一而已。

实在非常冷。我恍悟到耳朵几乎冻僵了，摸起来麻麻刺刺的。那支登山队的几个队员在急劲酷寒的风中颤抖着身子。有人得了高山症，脸色一阵白似一阵，呼吸困难，身躯直要瘫软下来的样子。我的温度计上指着二摄氏度。

3

后来我才晓得，山有千百种容貌。

这一年来，我三次登上玉山主峰顶。一月中旬有一次我在雪花飘飞中穿过冷杉林之际，曾被那深厚湿滑的冰雪地阻断了最后的一段一公里多的登顶路程。继四月底的初登经验后，六月末，我大白天二度登临，只见湿雾迷离，远近的景观几乎都模糊一片，只有偶尔在那雾纱快速飘忽飞舞的某个瞬间，才隐约露出局部的某个断棱或山壁。

但隔一周后再摸黑上山时，遭遇竟又迥然不同：难得的风轻云也淡，最迷人的则是日出前后东北方远处郡大溪一带的景色。在那溪谷上，雾气氤氲，蒙蒙宁谧的水蓝。层层叠置着一起从两岸缓缓斜入溪谷地的山岭线，便全部浴染在那如烟的蓝色里，仿佛那颜色也一层叠着一层，渐远渐轻，满含着柔情。

这个早晨，似乎仍是地球上的第一个早晨，永远以不同的方式和样貌出现的高山世界的早晨。当旭日升起，在澄净的苍穹下，台湾五大山脉中，除了东部的海岸山脉之外，许多名山大岳，此时都浓缩在我四顾近观远眺的眼里，所有的那些或伸展连绵或曲缩折叠着的岭脉，或雄奇或秀丽的峰峦，深谷和草原，断崖和崩塌坡，都在闪着寒气，变动着光影，气象万千，整个形象却又硕大壮阔，神色则一般地宁静无比。这个时候，光和风云，以及其他什么时候的雨雪雷电，都瞬息万变地在这个山中世界里作用嬉戏，让山分分秒秒改变着它的形色与气质。然而，就在那捉摸不定的特性里，透露的却又是巨大无朋、如如不动的永恒的东西，让人得到鼓舞与启示的东西，例如美或者气势，动与静的对立与和谐、生机与神灵。

我一次又一次地在玉山顶来回走动，隐约体会着这一类的讯息，时而抬头四顾逡巡，一边默默念起各个山峰的名字。一种对天地的恋慕情怀，一种台湾故乡的骄傲感，自我心深处汩汩流出，一次深似一次。

4

台湾，其实，不就是一个高山岛屿吗？或者更如陈冠学所谓的“台湾以整个台湾，高插云霄”。

两亿五千万年前，当时的亚洲大陆的东方有一个海洋，来自陆地的沙、泥等沉积物经年累月在陆棚和陆坡上堆积。

七千万年前，大陆板块与海洋板块开始碰撞，产生了巨大的热与力的作用，原来的沉积岩广泛变质，台湾以岩石的面貌初次露出水面。

此后的漫长岁月里，这个区域又渐恢复平静，台湾岛与大陆之间的地槽再度累聚起厚厚的沉积物。后来，冰河的融化却使得台湾岛又没入海面。

四百多万年前，一次对台湾影响最大的造山运动发生了。菲律宾海洋板块由东南方斜着撞上了台湾东部，使台湾岛的基盘急遽隆起，地壳抬升，使岩层再次折皱断裂，变形变质。这些断裂，就是近南北方向的断层，是频繁出现于台湾的一种地质构造。本岛南北平行的几个大山脉，也正是这种来自东西两个方向的剧烈挤压造成的。台湾因此高山遍布。

因此，台湾以拔起擎天之姿，傲立海中。

在这个岛上，海拔超过三千米的名山有三百余座。面积仅三万六千平方公里的一个海岛，竟坐拥这么多高山峻岭，举世少见。

目前，这两大板块的冲撞挤压所产生的抬升作用，仍在持续中。

我所站立的这个玉山，正就是地壳上升轴线经过的地方。我置身的玉山山脉和眼前的这一段中央山脉，也正是台湾山系的心脏地带，坐落在台湾高山世界的最高处。

5

我一次又一次走入山区，在玉山顶碎裸的岩石间踱步，时而环顾那些既殊形诡状又单纯重复叠置着淡入远天或浮露于闲云间的峰峦，当世界辽阔清亮的时候；而当风生云涌，冷气飕飕刺痛着我寒冻的脸孔，所有的景物和生命迹象又都急急隐没了，甚或细密的雨阵排列个从某着方位横扫而来，夹着风与雾，消失了一座又一座的山谷和森林。清明中见瑰丽，晦暗动荡中更仍是大自然无可置疑的巨大与神奇。

我于是开始能渐渐体会学者所说的台湾这个高山岛屿的一些生界特质了。

真的，假使没有这些攒簇竞立的大山长岭，台湾的幅员将显得特别狭小，不见高深，风景则变得平板单调，没了豪壮的气势与丰富的姿采，而人与其他生物也势必有着迥异于目前的生息风貌的吧。

对于生界的特色，气候是关键性的决定因子，而对于台湾的气候，我眼际里的这些重重高山，正有着莫大的正面作用，像一道道相倚并峙的屏障，在冬夏两季期间，分别阻挡了来自东北与西南的季风气流，使得岛上年年都有充沛的雨水，孕育出苍翠的森林，并将全岛滋润得难见不毛之地。坐落在岛上中央地带的整个玉山国家公园，也因而成为台湾最重要的集水区。浊水溪、高屏溪和东部的秀姑峦溪这三条台湾岛上的大水系，都以这里为主要的发源地。

台湾山势的崇高，也使温度、气压和风雨都受到极大的影响而呈垂直变化，在海拔不同的地区造成极其明显的气候差异，使原属亚热带短距离纬度内的台湾，出现了寒温暖热的诸种气候。动植物的类型，当然也就随海拔位置的不同而大有变异了。

台湾垂直高度近四千米，从平原走上玉山顶，就气候和草木的变化来说，微地形、微气候和微生态系姑且不论，大略等于从此地向北行四千公里。一个蕞尔小岛竟有如此多样的气候型和生态系，这又是世界难有其匹的。

台湾就是一座山，一座从海面升起直逼云天且蕴藏着丰富生命资源的巍巍大山。这是造化奇特的赐予。我们大部分人大部分时间就在它的脚下生聚行住。

我在玉山地区三番两次进出逗留，总觉得自己已走进它的源头了。

6

这个源头，基本上，却相当荒寒。

设于海拔三千八百五十米的玉山北峰的测候所，测得的玉山地区年均温是三点八摄氏度。五摄氏度的等温线大致与海拔三千五百米的等高线相合。而三千米以上的地区，在冬季干旱不明显时，积雪期可连续达四个月。

一般而言，由于气候的因素，加上岩石裸露，风化剧烈，土壤化育不良，海拔超过三千六百米的地带无法形成森林，三千八百米以上的地区，更可以说是台湾生育地带的末端，只能存活着少数的某些草本植物。

我先前几次走过这个高山草本植物带时，只觉得满眼尽是光秃的危崖峭壁，岩层破碎。劲厉的冷风，经常吹袭。这里像是另外一个世界。间或出现在石屑里的小草，看起来毫不起眼。我不曾为它们停留过疲累的脚步。

然而六月底再次经过时，我却为它们展露的鲜艳色彩大感惊讶。荒冷沉寂的高山上突然出现了一片蓬勃的生机。尤其是北峰周围，可能因坡度较缓，土壤发育较好，花草甚茂，各种色彩纷纷将这个高山地域镶饰得不那么冷硬：紫红色的阿里山龙胆，晶莹剔透如薄雪般的玉山薄雪草，蓝色的高山沙参，黄色的是玉山佛甲草、玉山金梅和玉山金丝桃，以及在北峰顶上盛开成一大片的白瓣黄心的法国菊……我开始带着一本小图鉴专程去进一步认识它们。

在长期冰封之后，这些高山草花，这时，正进入它们的生长季节。它们正趁着气温回升的短暂夏日努力生长，在一季里匆忙地完成从萌芽至开花、结果，以至散播种子的一生历程。

不过另一方面，我这时却也开始了解到高山野花之所以多为多年生，原来有其苦衷。对许多高山植物而言，籽苗内的养分毕竟有限，无法同时供应生长与孕育种子之需，所以为了达成繁殖的目的，只得采取分年逐步完成生命循环的策略：第一年全心全意发展根系，次年发芽，然后年复一年地储存能量，待准备充足后，再骄傲地绽放出美丽的花朵来。

但即使是这么坚韧的高山岩原植物，在玉山主峰顶上，也已少见。我反而发现了两棵玉山圆柏。四月底的时候，这一簇出现在峰顶稍南绝崖陡沟中的绿意旁，仍留着一小堆残雪。它们是台湾最高的两棵树。

然而就植物生命而言，地衣则还高过了它们。颜色斑驳地贴生在山巅裸岩上的这些地衣虽属低等植物，但因不畏高山上必然强烈的风寒和紫外线，且能将假根浸透入岩石内，逐渐使之崩解，使高山上高等植物的生长成为可能，因此一向是恶劣环境中最强悍的先锋植物。

至于动物，据说在温暖的季节，仍会有长鬃山羊、水鹿和高山鼠类在此出没。但我三度登顶，却只有在四月底的那一次看到一只岩鹨。只有一只。它长得胖胖的，离我约仅一丈，在板岩碎屑上慢条斯理地走着，毫无怕人的样子。灰色的小小的头，时而啄点着地面，时而抬起来四下顾盼，背部灰栗相间的覆羽在刮扫的冷风中不断地张扬起伏。

这就是台湾陆栖鸟中海拔分布最高的鸟类了，而且是世界上仅存于我们这个岛屿上的台湾特有亚种。

可是为什么只有一只呢？它真的能在这么高寒的裸岩间找到果腹的小虫或植物种子吗？在兴奋之外，这些都——不免令我疑惑。

7

我一再地攀爬跋涉于玉山顶一带，后来仿佛觉得几乎要成为一种迷恋式的追寻甚或膜拜了。我逐渐察觉到，自己似乎愈来愈期待着要在每次的山野漫游中，在某个时刻，通过高山世界那种亘绝千里的恢弘气势，通过周遭或恒久或瞬息生灭的形色声气和律动，去和什么东西连接起来，譬如土地、譬如时间，等等。我是已体会到了我可以为之欢欣的某些什么，但我仍贪婪的希望能确切地把握得更多。

然而，经过了一段长时日之后，玉山顶所有的那些经历，在记忆中其实有一部分却已混淆起来；某些个别的兴奋心情虽还在，但印象中所有的那些或美丽或伟大的色彩和声音，形状和气质，所有的那些我曾有过的感动或震撼，领会或省悟，最终都混合成单纯的某些系念和启示，留存在心底里。

当夏天过去，秋天来到，高山的花季迅速销声匿迹，冷霜降临，多刺的玉山小檗的叶子转红了，掉落了。然后是冬天，一片皑白的冰雪世界。那些裸岩、地衣、那两株海拔最高的圆柏，以及全部的那些坚苦卓绝的高山小草花们，都将一体覆盖在厚厚的白雪下。而那只孤独的岩鹨，应该也会往低处移居的吧 。然后，也许四个月之后，春天回来了。然后夏天……好长好长的一再轮回的宇宙的岁月，大自然的岁月，我目睹过的那个玉山地区高山世界的岁月。

我怀念这样悠悠嬗递着的岁月，同时相信这其中必然存在着可以超越时间的义理和秩序，一些既令人敬畏却又心生平安和自在，既令人引以为傲却又愿意去谦虚认知的属于高山、属于自然、属于宇宙天地的义理和秩序。

地 上 岁 月

陈 列

父亲的身影消失在农路远处，他要去大约一里外的玉米田察看明天是否适于施肥和培土。玉米就要吐穗了，这几天夜里的小雨正给了落肥一个好时机。刚才，我们一起坐在这个圳堤上休息，父亲望着又渐潮阴起来的天空，终于说，剩下的两行栀子花的除草工作留给我独自完成。

已经几个月不曾下田工作了，这次回乡的五天来，三天帮着翻晒收成的一期稻，两天和父亲在这块花田里挖除攀缠在枝叶间的鸡屎藤，似乎也不觉得怎么劳累。有些住在城里的朋友问我说，我真的种过田吗。真希望他们能闻闻我这时全身的汗土味。哪个来自乡下的孩子没有耕耘收藏的经验呢？记忆里最鲜明的声色都是和农事有关的：鸡啼时分起床，和相互帮忙的邻人连踏几个小时笨重的老式甘薯切签机，然后抹干全身的汗水、穿上制服，坐六点二十分的小火车到十六公里外的中学去；骑着单车到连绵数十甲的糖厂蔗园，搜割耕牛一天所需的大量饲草；站在水深及腰的水沟里，捞起浸泡经月的黄麻，捽洗腐去的表皮，溅起的黑水在噼啪声中飞落整个头和上身；戴上口罩和手套，背着喷雾筒，在齐膝的午后稻田间喷洒农药。这些和其他更多的劳动，现在想来，其实正是我和这片天地的强韧牵系，而且一直是我离乡读书和工作时经常显现脑际的图像。

偶尔我会觉得，一个人童年或青少年时候的幸与不幸有时是很难说的；父母在尽力之后仍然无能给我的一般所谓的最佳栽培，部分由大地来弥补，来启示我。祖先和我都流注过血汗的每一块田，包括这片栀子花田在内，都曾经是我疲惫惶惑时注视的对象；我坐在田上，或走在作物间，看着同样疲倦的大地上长出的绿色生命，或者和它说话，或者什么也不想，让它容纳我，提醒我责任的意义。十多年的学校教育给了我较复杂的知识，土地则点点滴滴地将更深邃的某些东西注入我的心胸里，其中包括了关怀、希望、自由，以及和村人一体的感觉。

当我赤着脚，在村中小店里与人闲聊，在田间的路上与相遇的邻居伫立着谈桑话麻时，我才体会到，知识理论有时也可以是虚妄的。此时存在于我们之间的是一个彼此不必费心再去界定的情境，因为我们有着类似的衣食住行和娱乐，看到的是相同的天空。与庄稼无关的书本远了，我该努力阅读的是他们褐红的脸孔，这些容貌讲述着生活中的苦痛和欢笑。

大体说来，农村生活是平静的，农人的岁月往往仍是从播种到收获之间日出而作、日入而息的单纯过程。他们把大部分的时间用在谋生上，并且以工作代替幻想，累了就睡。晚上不到十点，除了偶尔几声疏落的狗吠和婴孩的啼哭之外，整个村子就几乎完全静下来了。那也许是个适合览读纪德的《人间食粮》之夜——真挚而温馨，然而对他们来说，那纯粹是歇息的时刻。所谓的文化活动，大概就是砖屋里的谈话，清晨喧哗的菜市场和电视上的节目。日子不甚辉煌，甚至于还带点宿命。但是，你能说这些全心全意的人也有失败的生命吗？农人那种对土地的执着，即使含有因代代相传而来的强迫责任和保守情感，土地必定也一直令他们觉得有所担当和归属，并因而使他们有着某种说不出的永恒感的吧。

生命的庸淡和悲怆毕竟都是可以忍受的。就像以往一样，风雨伤痛总会过去。

看着一片忽然在夜里长出嫩芽的菜园和终于到来的圳水，以及晚饭后躺在土埕的竹椅上观望微风的星空，摩挲着脚底粗硬的厚茧，并且时而听几声小儿子在厅堂里朗读叽里呱啦的英文，确信下一代将比自己得到更多的呵护，明天的活力便又来了。而，这种坚韧的生存意志，正是社会发展的保证。

就以这块栀子花田来说吧。本来，它也和附近的田地一样，除了一年一作的水稻而外，其余时候总是在有限的杂粮间作一定的选择；去年花生的价格低落，今年就改种黄麻或地瓜。后来，有一段时期，怎样的变换都是一个样。对这个现象，各有各的说法。父亲或许并不十分了解诸如经济转型、经营形态、粮价政策和计划产销等等名词的意义，他知道的事实是：放在地上的心力并没有得到应有的回报，而人还是得要活下去。因此，他不断在这块不敢对它存有太多指望的祖田上奋斗挣扎，先后种过多年生的麻竹和番石榴，最后则是这些已成长了三年多的栀子花。

栀子花并非传统作物，在乡间难得一见。当年，父亲怎么会种它，我不确知：我那时远在异地，只能从信中揣度他的忧虑，想象他独自坐在沉寂的田野里，注视着这块年年令他不知所措的祖田而困思的情状。后来，可能由于某项外销的传闻，某本农业杂志的报导，或是某个商人的怂恿，他就那样地孤注一试了。做这种决定必然是相当困难的吧；树苗一种，必须等两年之后才会开花结果、有收获，如果到时栀子又像以前的芦笋、番石榴一样，价格告惨跌，又有谁来收拾他的幻梦呢？

在某些人想来，白色的栀子花是娇柔香纯的，种这种植物必然是高雅的行为，而这两天来，父亲和我在卖力挖除的那些鸡屎藤所开出的簇簇红心白瓣碎花，如果在风里招摇，必定也会使不少人赞叹的吧。能欣赏美原是一种幸福。可是对两天来的父亲和我而言，美别有内容。我们所以偏爱栀子的白花，并且设法加以促成和保护，绝非因为它比较美，而是由于我们期望花谢之后能有繁硕的果实。花开花谢已经不是引人遐思的意象了。花只是必要的过程，而非目的。哲人甚至能从一朵花中看世界，那真令人羡慕，我们看到的却是冬天的某个日子，到时，我们便在脏黑密闷的枝叶间寻找熟黄的果子，把它们摘下、蒸煮、曝晒一整月，然后卖给出价最高的北来商人，销到日本去。

美本该无关乎现实，尤其是大自然里山水花木星云的色彩与样观，都是可喜可欲的邀请。它让你在观赏中感到愉悦，在省思中有所领悟和提升，或者像浪漫派诗人华兹华斯那样，从云块远近相接的宁静脸庞上读出难以言说的爱。我要说的只是，当美感只为赏玩时，其中并无多大的扣人心弦处。有一次，在淡水看到一个摄影家架起组件精杂的相机在河边等待落日，而且雇请一个渔人驾着舢板在预定的时间划过镜头中的水上。我从渡船口的鱼摊旁走过，猛想着：那个船夫事后看到那一刹那间摄下的那幅美丽画面时，不知会有怎样的愉快感觉？现在，当我环顾四周的时候，我总觉得，除了这片寂静大地的声音之外，最深的美质就是农人那种对生活永不放手的心灵了。

然而，农人本身却是最少歌颂田园景致的。那是由于亲和关系而形成的类似“相忘于江湖”的情怀吗？或只因为长期的熟识已使他们对天地之美无动于衷了呢？这些似乎也都不必去辨明了。要紧的是，我们或者可以试着学习不只看到物的表象，而更要领会它在律动和开展中的自由和力量来源。这样，有一天，当我们一起看到起伏于晚风中的金色稻穗，或唯美电影中俊男俏女身后的鲜黄油菜花田时，我们可能就会有相同的欣喜了，而当我们一块儿闻到泥土或草叶的芳香时，我们也都知道，几天前，它可能有过堆肥、粪尿或农药的臭味。

对于大自然，人的态度往往是很暧昧的：既欣赏，又畏惧；既崇敬，却又要加以征服。其实，自然世界只是一个无所感的存在罢了，对人类的苦乐永远保持中立。虽然它曾以其或温柔或雄伟的美抚慰过不少心灵，并且一直在发挥它的滋育作用，使人类生命得以维持和传递，使文明得以产生和发展，它也不时露出狂暴的面目，造成极多的痛楚。在农村里，大自然曾经几乎完全操纵着人们的悲欢；阳光、风雨、气候，甚至于土质仍是影响作物生产的最大力量。在神秘不可解的年代中，对它的敬畏使人们倾向于泛神论。现在，人们虽还在心底里尊重大自然，一方面却已在物质主义的驱使下，开始对它进行有形无形的改造工作了。农人膜拜祭祀自然时的臣服与感恩意味逐渐淡了，祭拜的盛会也终将会慢慢式微成平淡生活中的兴奋点缀。

从受制于自然，了解自然，到企图加以改变的过程，大概就是文明的演进了。十几年前，这附近的田地各种形状都有，田埂小路狭窄弯曲，扛着收成的五谷到停放在远处的牛车上时，常觉颠晃难行。后来，农地重划了，划成一定长宽的耕作单位，农路和水渠整齐一致。每次看着这些一块块不同状貌和色度的四方形作物时，常会觉得，即使当时重划时有过不愉快的事，能将乡野文明化还是很好的。如果过去是一种杂乱无章的野趣，眼前的这些井然的线条和方便，则代表了科技时代的实用与秩序之美。

冬来之后，农路那排木麻黄后面一望无际的甘蔗农场就会不时升起火烟，把蔗叶烧去，一部采收机就能够一贯作业地在一天之内将好几甲的甘蔗送入糖厂内。以前的那些一字排开前进的掘蔗头男工和削蔗尾女工不见了,在一高一低的蔗畦间前行的牛车则闲置在一些人家的庭院内，在日光和风雨中逐渐锈去。许多青春的人力投入工商阵容里，以他们的勤劳本色在另一领域里谋得生活的需要。诸如此类的耕作方式的更易就是这样使不少人的生活内容改变了。而，这片栀子花所以会出现在这个平原上，甚至还能漂洋过海，不也是时代的关系吗？小时候在田间工作时，抬头瞧着轰隆而过的小火车，心里总会兴起秘密的盼望，盼望将来能坐在它上面，到远方热闹的城市。只是我当时还不知道铁路穿过农田所代表的文明含义，不晓得每一种文明似乎都会带来报应。

在这方面，获得与丧失是相对的。塑料纸袋给了人以便利和卫生，却成了农家的一个不大不小的麻烦，因为若丢入垃圾里，它永远也不会腐烂成作物所需的堆肥。农村里因耕种形态的改变而少了很多牛只，土地重划时开筑的水圳内外所长出的杂草，因没有牛的吃食而整年茂盛，阻碍了灌溉的水流。村外的那条溪已不适于游泳和钓鱼了，因为上游的若干工厂已将它污染了好几年。这些也许都是较易补救或解决的，贪婪与混乱才是现代文明的最大后遗症。

土地一向是农人最根本的信靠，祖先留给他们的，他们据以耕植和养育子女，因此，一块土地的好坏端看它的酸碱程度与会否浸水而定。但由于时势的发展，有些人已变得只关心它是不是能盖房子，并且他把人和整个社会看成赚取的对象。当金钱成为最高目的时，耕作当然成了笑柄，诚实和辛勤不再是美德，生活当中的一些原应重视的价值弃置一旁，而贪婪的心则无限伸张。这些人表现于外的是全然的粗鄙：新建的楼房内外贴满瓷砖、壁上挂的全是民意代表赠送的匾额，滥饮聚赌，耽溺于坐享其成。传统农村中温厚的长者远了，他们则俨然成了村子里的新兴士绅和道德裁判者。

这些事实在是很使人泄气的。但我也知道，我该深记且应频频回顾的，乃是更多的那些默默为自己和下一代努力不懈的人。人的存在若有任何价值的话，并不是因为他们活着，吃喝睡觉，而后死去，而在于他们的心中永远保有一个道德地带。

生活有时的确是不好言诠的。昨晚，我坐在家里的埕上，忽然忆起童年常一起在月光下玩踢铜罐游戏的伙伴们。他们当中，有的已经不知去向，有一个任职于乡公所，一个在高雄码头走私，一个在北投卖番石榴，一个开起了贸易公司，也有好几个仍留在乡下艰苦奋斗。所以我想，生活并不是高调，生活只是这类活生生的生存而已。其实，怎样的作为才叫高尚和意义呢？献身尽力原不必只是烈士的鲜血哪！

这五天的工作，已使我这双先前还在翻着书页、拿着笔的手变厚变粗了。掌上还结了八个茧，指甲内积藏着泥垢，而全部的这些看起来却只令人感到生活的真实。同时，我还看到上面的许多或大或小的疤痕。每个疤痕都是一个故事，而且几乎都是某个忙于庄稼的时刻留下的。割伤或砍伤的当时必定有过疼痛或恐惧的吧，但这些疼痛和恐惧到底已全忘记了，只有这些伤痕留下来，作为成长岁月里的印记。现在，父亲去到另一块田里斟酌明天的工作内容，而把这片栀子花田未完的工作交给我，那是一种信任和期许。重要的是，我们都知道，工作的地点虽异，却同在为着一个更美好的目标而致力。

导读

陈列，本名陈瑞麟，一九四六年生于台湾嘉义。淡江大学英文系毕业。一九七二年曾因“叛乱犯”罪名被捕入狱，一九七六年十二月出狱后以自耕农维生。九十年代投身政治。曾获时代文学奖散文首奖及时报文学奖推荐奖。作品有《地上岁月》《永远的山》等。

陈列作品虽然不多，笔法极简，但内蕴甚为丰富，形成一种单纯、深沉、厚重的风格。此外，对人与自然同样的深度关怀，也是陈列书写的特色。

《玉山去来》一文，一面运用知识性材料，一面用冷静之笔写沿途景物，是一种“知感交参”的笔法。作者常以某些知识性材料、观察记录描述，以及心灵想象环环相扣，共构出一种阳刚的氛围与细腻情致。文中“走进源头”这句话既与地质知识呼应，也蕴蓄了作者的情感心境。这是因为一方面对台湾地质演变的描写，使得作者有“走进玉山源头”的知识启蒙，另一方面则是情感上终于“走进源头”的启蒙。

《地上岁月》这篇文章写他的耕种经验，这些经验使得他对社会制度、人与自然的关系有了不同一般的感受。文中从自身体验写起，逐渐扩大到农村社会的共感，最后再引到大自然平静、无善无恶的本质，乃至于对文明的反省。文字有如泥土般沉重而厚实，冷静而动人。陈列在《地上岁月》自序中提到“只有在把自己的作品定位为‘社会关怀与改革’的一种方式时，我才能较自我鼓舞出创作的动机。”或许，从这句话可以看出他写作的意图与理想吧。

——吴明益

溪山行旅图

高大鹏

无何有之乡

美国女诗人——曾经是我年少时的最爱——艾米莉·狄金森曾有一妙语说："我不识何为好诗，除非它让我有头被砍下来的感觉！"

"头被砍下来的感觉"，不知是什么样的一种感觉？想来应是极富奇趣、极其刺激的一种感觉吧！但站在一幅伟大山水画幅下而为之不由自主、不明所以地足股战栗、毛发耸然，全身冰冷如死，以至于"脊椎降到零度"的那种刻骨铭心的感觉，在我却是与生俱来般的熟悉与亲切哩！在我年少不识愁滋味，更不辨雅俗妍媸为何物的懵懂岁月里，这类似"被砍头"的感觉早已暗暗带领我走上美之巡礼的朝圣之路，且常在一幅幅伟大的佳山水下，一面恍然自失于完全的迷乱中有如荡妇，一面却又出奇清醒得有似神祇！美之猝然降临，于我恰似化身天鹅之大神宙斯猝然降临人间，处子丽达那般令人手足无措却又喜不自胜地完全沉醉于神圣的至福状态不省人事，沉溺不返了哩！

或许，这就是被诗砍头的奇趣?

或许，这就是与美交媾之沉醉?

或许，这就是天人交战乃至天人合一的战栗与狂喜?

时常，带着这份无以名之的狂喜，在一幅幅山水巨构前，我一次又一次地失去自己又得回自己，一次又一次地失去小我而得回大我，一次又一次地失去假我而得回真我……就在这生生死死之间，就在这充满低语和叹息的画廊深处，我找到了安身立命之乡。而这里却是星光照耀不到、岁月流转不及，萧然自隐却又花月宛然的一个至真至美的无何有之乡哩……

溪山行旅图

说到“安身立命”，自古至今大概没有第二幅画比北宋范宽作的《溪山行旅图》给人更深刻的印象了吧！且看它在苍然凝重、森然肃穆的背景下，一座庞然岸然魁然浩然的镇山巨岩巍然矗立，以顶天立地充塞宇宙的气概独占了三分之二巨大画面的沉雄构图，小立其下，真能叫人慑然屏息，肃然起敬，油然兴起“高山仰止”的顶礼倾慕之情哩！若我是那位酷爱附庸风雅的乾隆皇帝，我将在那块巨石上端挥毫题下这样的字句：“大中至正百邪辟易，刚健笃实辉光日新”！因为在我看，这就是它以震古铄金的气魄，充塞天地的气势给人以安身立命的庄严之感的精神所在吧！因此，对于这块剧力万钧、气势磅礴的旷代巨岩，与其说它是一块镇山巨石，倒不如套爱尔兰诗人叶芝的话，称之为“为灵魂之宏伟而竖立的纪念碑”，或是“为纪念永生的智慧而竖立的纪念碑”更为恰当吧！

为灵魂之宏伟而竖立的纪念碑，为纪念永生的智慧而竖立的纪念碑！对于叶芝歌咏拜占庭金碧辉煌的索菲亚大教堂的这两句诗，范宽此画是绝对当之无愧的！所谓“养天地正气，法古今完人”，更是在这幅山水巨制中找到它最典型的写照！萧条异代，怅望千秋，隔着岁月的千山万水，我依稀看见这位落拓不羁、颓然自放的画师他嶙峋的背影是如何穿越千岩万壑而真与天地精神相接，我仿佛看见，这位萧然远引、高蹈避世的画家如何在入山唯恐不深，绝俗唯恐不远的隐逸生涯中反而深切体察出历史的轨迹和时代的脉动！临风独立在巍巍巨岩之上，他确乎体会到沛乎充塞苍冥的天地正气是如何凝聚天上的日星和地上的河岳，又如何在人的身上振发出浩然的气节，是这股浩然的正气，使得“秦妇吟秀才”韦庄在五代那个天昏地暗、乱亡极矣的末世衰运中道出了“大盗不将炉冶去，有心重筑太平基”的豪语！身为一介诗人，韦庄并未能重筑太平的根基。同样，身为画师的范宽也未能重建太平的根基。然而韦庄却以诗人的敏锐，孤明先发地道出了北宋一代士人的心声，而范宽也以他画家的直觉“外师造化，中得心源”地勾勒出这个太平根基的大体轮廓，就在这幅气象万千、气势磅礴的《溪山行旅图》中，他为有宋三百年的时代精神献上了第一块镇山巨石！这以堂堂之阵、正正之旗出现的镇山巨石正和二百年后文相国的《正气歌》一样先后辉映地道出了有宋三百年的士节士气，也为那个拨乱反正、贞下起元，由大黑暗大混乱重新转向大秩序大光明的关键时代留下了与天地并寿、与日月齐光的永垂不朽的纪念碑！

我不曾去过云烟缭绕的拜占庭，也不曾一游金碧辉煌的索菲亚大教堂，更不曾见识过那些金雕玉琢、栩栩如生的所谓“为纪念灵魂宏伟而竖立的纪念碑”，但是在范宽的巨幅山水底下我确乎看见国史上那些宏伟的灵魂其凛然生气至今犹存！我虽未见识过希腊金匠雕刻的“为纪念永生智慧而竖立的纪念碑”，但在范宽巍巍的巨岩下，我也确乎看见了那与天地精神来往而又沛然塞乎苍冥的智慧是如何烛照着每一个黑暗的时代而光辉不磨地直到如今！就在这块镇山巨石下，我识得了何谓“地维赖以立，天柱赖以尊”伟大担当，识得了何谓“三纲实系命，道义为之根”的严肃气象！在它的千仞岗上，我要振衣！在它的万里流里，我欲濯足！在它所勾勒所描摹所喷薄而出的历史高峰上，我要放歌！听呵，“不畏浮云遮望眼，自缘身在最高层！”在王荆公声振林木，万山响应的高亢歌声里，依稀有我一份悠远的回响……

是的！就在这幅地维赖以立、天柱赖以尊的镇山巨岩下，就在这座为诉说灵魂之宏伟而竖立的纪念碑下，我看见的不只是高蹈远引、入山不归的画师范宽，不只是那位要为太平重立根基的诗人韦庄。隔着岁月眺望，透过云烟缭绕的千山万水，穿过柳暗花明的时光幽径，仿佛之间我也看见了开宋学之先声、集宋学之大成的一辈儒者！看见他们依旧逍遥容与于山崖水湄，徜徉吟咏于溪山深处……就在那星光照耀不到，岁月流转不及，萧然自隐却又花月宛然的无何有之乡里，我仿佛看了……啊，那边是深入泰山一坐十年，攻苦食淡，虽得家书，读到“平安”二字即投入深涧不复展阅，以恐乱心的胡瑗！那边也是退居泰山，种竹树粟，高置风标，俨然守先待后，上下千古的孙复！泰山门下，我又看见那位发出“道大坏，由一人存之，天下国家大乱，由一人扶之”的壮语的石介！同样是铁肩担道义，辣手著文章，我仿佛看见少年时代的范仲淹，看见他悄然隐居在长白山麓，昼夜苦读，饮食不继，至于断齑画粥、以水沃面！正是这等冰雪风操，映照一代，令人千载之下，闻风兴起！而他“先忧后乐”“以天下为己任”的呼声更是响彻有宋一代，其势犹如万壑松风，此下一千年，没有一个中国读书人的心灵不在这一派松风的吹拂下浑然共鸣！

而在万壑松风之外，在溪山行旅之外，我仿佛也看见隐居在庐山之下、濂溪之湄，吟咏自得、濯缨自乐的周敦颐先生。看见他如何冲犯瘴疠为民洗冤，又如何临窗赞易、评点太极，悠然以青莲自喻，所谓“出淤泥而不染，濯清涟而不妖”，他那“只可远观，不可亵玩”的棣棣威仪，不也深切著明地体现在范宽的镇山巨岩之上？穿过这块巨石，我仿佛也看见大程子“观天地生物气象”的仁者胸次，以及小程子危舟将覆而犹能正襟危坐的诚敬修持。看见朱子要在浩浩大化中安身立命的志节，以及他格物穷理、返躬实践的严谨笃实。至于陆象山立志“先立乎其大者，而后不为小者所夺”的自信与乎他所谓“我虽不识一字，也须还我堂堂做个人”的人格气象，更是不落言诠地表现在这方镇山巨石顶天立地，充塞宇宙的峥嵘伟岸的绝世风标中了……

“外师造化，中得心源”，我不知道范宽是如何悟出这作画之秘诀，或许就是那些拔地擎天的奇岩怪石让他一再地失去自己又找回自己，一再地失去小我又找回大我，一再地失去假我又找回真我……而终于在无数次大生大死之后找到了安身立命的归宿，而事实上，外而贞定宇宙，内而安顿身心，中而主持世道，这种“合内外，一天人、贯古今”的努力正是有宋三百年承先启后，继往开来的伟大精神所寄吧！由此而铸成了“灵魂宏伟的纪念碑”，由此而铸成了“永生智慧的纪念碑”！范欧司马诸公在五代大动荡大混乱之后以冰雪风操极尽惨淡经营之能事地重立起太平的根基。濂洛关闽诸儒在经历了六百年佛道的大冲击大涤荡之后又极尽辩证实践之能事地找回了天人之道的根基，开辟了混沌，消化了佛道之后，中国人重新找回了宇宙的本体和自我的主体——这，就是

"外师造化、中得心源"的语源所出吧？这就是"三纲系命，道义为根"的自信所在吧？岂不是这一份贯穿日月、塞乎苍冥的磅礴大气让张横渠登高一呼万山响应地道出了宋学三百年乃至整个儒学两千年的共同心声，曰："为天地立心，为生民立命，为往圣继绝学，为万世开太平！"而范宽的镇山巨岩！《溪山行旅图》正匠心独运地摹写出这四句至言的精神风貌！如此因着找回精神主体而呈现出之顶天立地，自尊自信的人格气象，对于我们这个忘己徇人，一意媚外的衰败之世当有更多的话要说，更多的深意要表达，更多渊默而雷声的微言大义慨然存于独立不倚岿然不动的巨岩之上和那笔直不屈划然直下的悬瀑之间，有待我们和我们一代又一代的子孙去谛听，去体察，去细细省思和深深玩味的吧！

溪山无尽、吾生有涯！面对无穷无尽的层峦叠嶂，我们都只像溪山行旅一般短暂渺小且一去不返哩！然而，对于外契造化，中得心源的贤者而言，他们高华伟岸的灵魂亦当与高山流水一般深远无涯且俯仰无愧于天地造化无穷无尽之期许与祝福的吧！仁者乐山、智者乐水，山水是中国人的灵魂，而亦唯中国人能向山水献上诚心诚意的礼赞与乎至情至性的招魂！噫，江山不老，天地长新，故国神游，多情应笑我，怀抱着对仁者寿而智者乐的憧憬与仰慕，竟亦将步趋老画师之后颓然自放于重重无尽的佳山水外而浑浑然不知老之将至云尔……

导读

高大鹏，笔名高达，可以看出他心志高远，事理通达的想望。山东省临朐县人，一九四九年生于台湾基隆。台湾大学中文系毕业，东吴大学中文研究所硕士，台大外文所比较文学研究、政大中文所博士。曾任《联合文学》总编辑。

高大鹏长期写作散文，他自己说他的散文“大致上就是一本心灵探索追寻的日记”（《追寻》自序）。高大鹏的散文以儒家伦理为生活体认的重心，佐以他的基督信仰旋出爱心的火花；常以犀利之笔，感时咏事，颇多特殊之见，有释疑解惑之功。他偶尔也写作现代诗，意象平稳，语言平实，但内涵深邃，值得读者反思。

高大鹏的散文可以视为学者型的散文，丰富的学养充盈其中，随手拈来好像无处不是有用的学问。《溪山行旅图》以画起兴，却可以引申到“安身立命”，“安身立命”的学问自然又会牵引到天地正气的大修养了，这时，中国历史上的诗文几乎没有不可入其文。所以，范宽的《溪山行旅图》如果为有宋三百年的时代精神献上了第一块镇山巨石，高大鹏的散文磅礴，其实也有这样的镇山气势。

——萧萧

日 出 草 原 在 远 方

陈 幸 蕙

从我的许愿泉前起程，昨日行为的残余，我已亲手予以厚葬，在星光下一条干燥的沟里。作为指南针的星辰，正烁亮如花；日出草原在远方……

再见了，自杀坡，以及坡上所有艳丽如鳝的葛藤们，我不再是自己的奸细，密谋着一次又一次流沙、陷阱与骗局的设计了。

经验的灰烬既已掩埋一段贫血坏疽的历史，假面的告白也即将精装成册，郑重焚毁——这精神上困难且痛苦的割礼啊，当它终于完成漫长的作业，我也将向传说中的不倦岛出发，如坚持远航的哥伦布，遥指生命地图上一处从未被涉足的新大陆，去登基成为未来岁月的立法者。

人生是一则广大无边的笑话，我岂不知？但是在信仰与理想的篝火旁露营，我愿意从事自己的文艺复兴。

是生活如此授旗、授权于我，我怎能自甘永远抛锚在那想哭泣的心境，如当年我那必须被拯救的母亲？

也不拟再重复那软弱、谄媚的祭坛行为了。

如今，未来，以及过去！

当颠覆历史、向自己复仇的时刻到来，那正是我撰写人生温柔论的开始！

于是，就在地底这狭窄的树脂玻璃密室，我第一次发现了天堂的可能，温习着子宫的记忆，标示出自己生命中好望角的位置。

计划名称：隔绝实验。

目的：研究人类在星际旅行时长期独居可能造成的影响。

实验时间：一百三十天。

进度编号：第一百零七天。

密室深度：地表八十米以下。

空间大小：三立方米。

温度：十摄氏度。

生存环境特质：无计时工具。与声音、阳光、其他人类完全隔绝。

生命现象：骨骼钙含量减少。

免疫系统衰退。

对时间的感觉丧失。

月经停止。

……而当铃木博士以及他所率领的研究小组，在地面上通过监测系统观察，并逐一记下我——这三十六岁女性实验对象——的各种生理反应细节时，我也正在这幽居地底的时光中，细细领受自我复仇仪式里，每一瞬间的菁华。

啊，我的地狱，我的天堂，我悠寂清空的密室岁月，我治疗受伤真理的地方，以及，我收复曾经沦陷的春日心情的桥头堡！原来，当往日紧揽不放的一切，这么横心舍了，舍至无可舍处，沧桑之感的后面，竟刻画着微笑的印记。

作为一名志愿参与“隔绝实验”，且无从预知实验后果的女性，当告别昨日遗蜕的时刻来临，且铃木博士的研究计划正物色一名理想的实验对象——在一种知性考虑而非抒情冲动的情况下，我选择了这为科学实验献身的不寻常行动，作为重建主体自由的开始，去为自己的生命进行一次意义非凡的破茧。

肉体的人身，岂不只是一种未完成状态？每一次残酷的成熟，岂不也隐含自我龟裂的因子，可能引爆锥心刺骨的剧痛？但孤立在蓝钢般的天空下，身为一名女性，当纵声狂笑的命运，正以其强悍的嘲讽姿态，就蹲踞在我前方，对照着我在现实中的狼狈以及骨子里的脆弱时，我必须与自己格斗一次，才能真正坼天裂地，迸开那长久以来束缚心灵的长绫。

意义为行动织锦。

因之在“隔绝实验”公开征求的多名应征者中，铃木博士亲自主持的“体能、意志力与耐久性评估”，便成为我顺利入选的依据。短期的指导、训练以及各项前置作业逐一完成后，我终于深入到这从未有人深入的甬道，抵达这从未有人抵达的黑洞——学术研究的、人类身体的、自己心灵的——去负责揭晓一桩未知的答案。

雄阔壮硕的黑暗，以及厚软而富弹性的寂静，便是我悬浮漂泊其中的宇宙。没有陆地，没有海洋；没有重量，没有方向；没有生，没有死；也无所谓不朽……在狭仄密闭却又毫无凭依的空间，曾经，沮丧、低潮、虚无，以及歇斯底里的感觉，如一支潜伏多时的轻装部队，试图偷偷接近我，在扑杀它们与被它们扑杀的紧急关头，我必须做选择。

我经常想起动物园里焦灼绕槛而行的黑猩猩——的确，孤独闭锁且由隔绝的标签密封的世界，委实具有一种逼人发狂的高度危险！食物、阳光、空气、水，以及爱，对人的生存固有其不可或缺的意义，但高于它们更加基本且真正维生的存活元素，恐怕还是所谓的“意义”吧！一旦意义存在，且成为依靠，人便找到了他的上帝！于是我开始明白，自杀者所需要的，其实并不是勇气，而只是绝望！当存在意义已在大雾中迷失，再也找不到回家的路，奔赴大雾之后的悬崖，成为人向生命示爱的最后姿势。

我毕竟不曾趋近悬崖。

不曾选择与意志决裂。意义——小我、大我的意义……终如大量清新微碱的薄荷苏打水，于紧急时刻兜头淋下，稀释、洗涤了我精神沮丧的酸浓度。在这场自己与自己的战争中，我支持了聪明且较理性的一方。

世界仍然与我同在！我为自己的黑暗点灯，从胸腔与睡梦中取火，把干净的心迹拭亮之后，一段一段，献给自己。

感谢铃木博士为我在洞中放置了约两百本书、各式营养罐头食物、足够饮用的蒸馏净水、简单的照明器具、袖珍语言学习机，以及轻软的柔道服。

无从判知日夜更迭的情况下，我勤研英语会话，借柔道体操保持肌肉舒活，为每一本读过的书籍编号，追忆阳光之下曾发生过的哀欢悲欣，揣想出洞之际，自己这极具风采的脸上所可能有的新表情。

极长极长时段的清醒与睡眠，便这样单纯地交替接力着，拼贴出我幽居密室的规律生活。时钟面貌，早已摊成一张软面饼，恰似达利名画《记忆的永恒》所展示的那样。然而，大段大段丈量生命自由的宽幅以及精神自由的纵深，就在这树脂玻璃围成的小小正方体内，我却首次微妙地感受到宛若六月田野的辽阔温柔，仿佛看见一棵树的微笑，重新归纳出幸福感的品味法……

这形似囚笼的空间啊——

我无法不想起自己曾着手编造一个牢笼的过往。

无法不嗟叹终生都被拘禁在另一个无形牢笼中的母亲。

无法不怅憾为母亲打造那个牢笼、经常借暴力证明他生物优势的父亲。

也无法不去思索，在希望与幻灭并存的爱情世界里，人，究竟可以期望什么以及可以经营什么？

曾经，岂不是一枚含藏泪水的字眼，洗涤着已逝岁月的苍茫？若爱是一种建筑，那么谁来解释，精致牢固的作品，为何如此稀少？

由于阅读过母亲一生，在很长的一段时间里，我完全无法也不忍去定义“女性”这名词。与父亲共度的二十年婚姻，于她，岂不只是一场附有性生活的仆佣生涯而已？

虽然，在会计事务所任职的父亲，有着相当斯文的外表，待人也堪称温和有礼，然而，当他殴辱母亲、扯散她梳拢的长发、挑剔荷包蛋蛋黄硬度不够，乃至洗脚水过于温凉……时，粗乱的拳脚点子里，总显出那样一种令人不敢相信的蛮力与凶暴。

我相信父亲不曾听过尼采的狂言——“男人到女人身边，请务必带根鞭子”——但他却把这句话的精义，发挥得淋漓尽致，更为透彻！

为什么呢？

多年之后，当我如此自问，寻求一合理解答，我才终于明白，从传统男性社会一路行来的父亲，终其一生都是蔑视女性的。更由于母亲操持家务、生儿育女的工作，并不包含在任何统计价值内，宰制一家经济命脉的父亲，遂更把母亲视为寄生在自己生存之上的依赖人口，他对她享有绝对的管辖、统治与使用之权，却完全不必予以尊重与——爱。

而母亲，从婚姻细狭的锁孔里看人生的母亲，却也在东方女性典型的隐忍态度中，接受并默许了这样的人生。

她从未准备自己的快乐。

在沉默中顺从，是她一生的歌。

世世代代的母亲这样教她唱，她也教给了我。

但是，在战后成长，西方女性运动的浪潮，却已将我推至离母亲很远很远的一处岸边了。当母亲躲在自己的角落暗泣，我虽也被一种既钝且厚的痛感侵袭，却并不能同意且同情她始终逆来顺受、无能自我拯救的做法，因而也始终未曾实际有效地去升华她个人的忧伤。——那样一株卑微的耐寒植物！常常，我暗忖：人间，不能有另一种气候？另一种温度？另一种活法？

自诩为一名新时代的女性，我拒绝这样一种封闭陈黯，没有生长，也没有兴奋喜悦的人生。

我拒绝如此洗劫尊严、剥削自由的婚姻。

拒绝如此无法掌握生活自主权的女性生活！

我与母亲不同！

然而，当我突然在丈夫的外遇事件中灭顶，一种被命运偷袭、被爱情欺诈的感觉弥天盖地涌来，瞬间噬没我；设法自我保护的惊痛中，我才终于明白——在理论的领域，你固可以轻松地振振有词，以当然耳的想象，把自己举得天高，但一旦落入现实层面，当真正的考验劈面打来，你却往往跌得比谁都低，也更一蹶不振！

新时代的女性，是的，但我终又展现出什么不同的女性尊严，提出了什么不同的新做法？比起母亲，以及她的那个时代，这一代的女性，究竟，又成长了多少？

怀着一种被遗弃的恐惧，并且，为了维持虚幻的自尊，不愿被这个世界贴以“婚姻失败者”的标签，我一直倔强却又极其卑微地采取委曲求全的姿态，极力瓦全一段已经玉碎的感情，强自粉饰那暧昧虚空且极不诚实的婚姻，隐忍着种种戕害尊严的精神凌迟，对丈夫日夜罕归的做法，持屈辱的许可主义……直到筋疲力尽、追近病变边缘，我再也无力肯定自己的存在及存在价值为止。

那真是生命中最艰困的一段日子。

自我欺骗使得人生贬值，而我之所以逗留在一场已经破产的爱情中迟迟不肯离去，只因为我害怕失去一向熟稔的生活秩序，害怕面对一场我不曾预期的人生，害怕打开大门，邂逅一段全新的未知。

但是，毕竟，我与母亲不同！

我所受过的完整教育，我所处的时代环境，我的个人意识、价值观，以及女性主义思潮，这些主客观因素交替作用，激荡成一股强大驱动力，绝不容许我自陷太久，也不容许母亲的故事或她的附庸性格，在我人生当中复制。在蓝钢般的天空下，我知道我必须寻找自己的路——更好或更坏的一条路，继续开步行走。

若爱的建筑已然坍塌成墟，再也不能重整挽回——那么，我自问，认取了那毫无希望的残骸之后，为什么我不能勇敢地转过身，背对它？

也许，我仍深爱我的丈夫？那在爱情花园里骤然离我而去的男子？

也许！

但歌德说：“我爱你，但这与你有什么关系呢？”

大痛之后，情绪的渣滓沉淀之后，犹豫不决的天花发作结痂之后，我终于决定放下虚伪无效的坚强，不再遮掩或逃避那需要涂以理性碘酒的伤口。就在那曾经跌倒的地方，我亲手布置了一座小小的墓园，竖立一方淡忘的石碑，献上一束代表宽宥的鸢尾花，安静地转身离去……

然后，从我的许愿泉前起程，我选择来到这最黑最深最难于跋涉攀登的谷底，去预告重见天日的明天，反动着一般毫不精彩自由的岁月——母亲的，以及我的——治疗受伤的真理与记忆，向软弱的过去进行温柔的复仇。

大死一番，大活现成，这何等华丽且理性的疯狂啊！

重整旗鼓的心情，正跃跃等待“出土”。气锐神全的新生，也正在寂静黑暗的地底脉脉酝酿。

冬眠与春蛰，可以是相同的一首歌。

天堂和地狱，竟有着孪生般的面貌。

我不必再去计算与阳光重逢的日子，一轮磅礴的爱已在新的地平线缓缓升起。

日出草原在远方，等我。

而当属于铃木博士的“隔绝实验”、属于我的这喜剧性的内在工作，终于在泪光与微笑中杀青，久被封闭的洞口，如瓶开启；在蓝钢般的天空下，风，与阳光，以及欢迎的人群，为一名走过“地狱”的女子，套上七彩花环——这重新向人生注册的水手，将拭亮生锈的锚，面对另一处海洋，从容起航。

去往另一座地狱，也许天堂。

导读

陈幸蕙，一九五三年生，台中县清水镇人，台湾大学中文系、中文研究所毕业。作品以散文为主，兼及小说与评论，文字风格清新，意境悠远，思想沉敛，重要作品有《群树之歌》《把爱还诸天地》《以一整座银杏林相赠》《爱自己的方法》等等。

陈幸蕙擅长写情绘景，也能精确掌握自然意象，演绎其间的繁复意涵，构筑出丰美的文字花园。《日出草原在远方》，即以“日出草原”的阳光、清朗、敞阔意象，叙写恋情受挫女子的困顿与脱出。本文以第一人称叙事观点，描写独居的、自闭的女子，如何在自己的心灵海域中航行，如何努力航向自己生命地图中的好望角。文中，“我”在悲悒、郁苦的生命情境中，与自己格斗，终于因为意义活水的唤醒，而远离绝望的悬崖。

正因为幽闭暗室，反而让她追忆阳光的温度，想念洞外的天空。也因为在密室中阅读自己的故事，而思及母亲的故事，母女两人的生命文本相互叠合，两个困在婚姻牢笼中的女性，过往命运相似，未来天空却可以不同。母亲那一代，只能低吟逆来顺受的悲曲，而“我”则选择从谷底攀越，迎向崭新的生命阳光。

《日出草原在远方》，以独居闭锁开场，以日出草原终结。航出地平线之后，未来的路向，无论是天堂或地狱，已经自我修复的女子，早已装备齐全，能够用力面对新的未知人生。陈幸蕙以《日出草原在远方》，生动描写穿越婚姻黑洞，航向生命好望角的女性的生命故事，传达出极为阳光的人生观；人生不在于没有困挫，而在于如何从困挫中自我修复，找到重新启航的力量。

——杨翠

第六章　不因岁月而凋零

王 功 苏 醒

雷 骧

车子离开一高以后，径往岛的西缘，那一条大致已相连续的“西部滨海公路”，往南方驶去。

我们四个人——画家华仁夫妇和我俩，此时安适地坐在丰田轿车空气调节中，视觉从窗外流过的景致，映入赤裸近海土地，在秋的阴霾下那一种毫无生趣的艰困印象。

这与沿着金黄海波，在生气勃勃涌动的白浪里工作的人影的想望，是大相径庭的。正这么想着的时候，车子前方出现一个悠骑自行车的妇女背影，她把浑身上下包扎得甚紧，来自四面八方的飞沙，仍将头巾、衣袂飘扬起来。车子瞬间超越了这个奋力踏踩的妇女，我们无从想象她这趟旅程起讫之点，在这条笔直、枯索的道路上，似乎离任何人类的聚落都颇远。

在鹿港天后宫前尝过少许蚵类小食的我们，如今已经过午甚久，一路凄凉，不免为餐食担心起来。

公路旁终于出现一块牌招，上写："刈包"。

老板是一个青壮的乡下人，他很抱歉除了刈包以外，我们提出的任何食物皆无。一面从蒸屉里取出刈包的时候，他妻子——原先在另一头避风的暗中吃汤面的年轻妇女，也跑过来帮忙夹上咸菜、肥肉片并洒花生粉。

那肉是厚厚带皮的一块，即便饥饿中也咬它不断，每人只好当老板的面佯装出"滋味不错"的样子。

看到摊屋旁的空地上，一幢占地甚广的屋基正在兴建中，问过，知道是老板未来的公路食店——专卖一两种本产原料的点心铺子。

"为什么基地填造得那么高呢？淹水吗？"我问。

果然，老板说这个低洼地区淹水是不免的。

"我们总不能低于公路的路面，"他说："在村子里，有些地方淹水到胸口也是常有的。"

原来再往前一点，向西转进去，就是"王功"的村聚，于是我们脱离了西滨干道往村里去了。

那是典型的西部缘海渔村，大约由于土地盐分，种植或绿色物一概没有，使我明白古人缘何用"不毛"来形容贫瘠和荒索的土地。

不过仿佛才在当地举办"文艺季"吧，许多招幡和标语还残留原地，悲壮地飘拂着。

有一句标语是："王功苏醒"！

或许我内心也有这样一种愿景，所以逐渐进入街道的时候，那小学和寺庙，给人希望和整然的印象，尤其庙前那宽阔街面上，竟一体铺着瓷砖，来往的车辆，就在如室内般地面上滚动着。

我们遂在三步五步一家的海鲜店里吃到美而价廉的蚵和蛤类。

这里所谓的“渔村”，其实并无“港”的条件，渔业无从展开，赖以维生的，只能从平直毫无变化的沙岸上，做些近海捞取和养殖而已。于是一路下来所见，无非是村人不计何时地，都用他们戴手套的双手，面对粗粝尖锐的贝壳，一个个撬开取肉，然后搁下空壳，准备再穿孔系串，载到海水淹没的竹架下挂起来，再繁殖、采收的循环。

世世代代琐碎反复却收益有限的劳作，也许只有工业的移入才能拯救他们吧？但立刻想起卖刈包的老板话：

“那个不知道被从哪里逐出，搬到我们这儿来重建的大纸厂，就设在小学附近，整天轰隆的声音，对孩子是不好的，再说更严重的是放进地下的脏水，让我们全没有了活路啊，现在大家都集一起抗争啦……”

不知道什么时候，社会发展成简单化的非此即彼了，我们感到纳闷。

坐回车子继续南下的旅程，带着许多难解的问题在我们身上的时候，车子好像顿时重了起来。

想起年轻时代，也曾伙同两三个朋友在这一条在线旅行，并随手照相，蚵寮啦、盐田啦等等，是多么特色的景观。就在一条烈日朗照的小街上，两个八九十岁的婆婆，坐在一半阳光、一半阴影的廊下，形成反差奇突的映像，朋友上前去摄影。那婆婆中的一人忽然腼腆地开口问：

“你们拍去了照片，那我们得到什么呢？”

当时我们都不理解，而这一个问题，那一条生存条件恶劣的土地上的人们，数十年来始终都在向那些打他们主意的外来人提问着吧。

异 形 天 使

雷 骧

这是连排教室中的一间，如同一般校舍的样子，有并排相对的大窗，课桌椅拼成矩形的一圈，以便院童们和教师在进行手工的时候，彼此观摩，自由学习和交换意见。

说是“工艺课”，其实就是组装外头工厂发包回来的电子零件。无须花脑筋创造，只按规格一片片组合起来便成。这，也许是这些重度智障的院童们智力所及的工作吧。

“至少，依据我的经验，手工操作即使是再呆板的反复，也可以让他们专心致志，郁躁的心于是能平静下来，他们常常做得比正常人好。”

当我参观山下这所智障儿童教养院的时候，有一位老师这样告诉我。

他的话似乎没错，同一时间在隔壁的那间教室里，因为是某种“下课”状态，院童们有的坐在椅上前后摇晃；有的无故大声尖叫，那奇怪的人形，零零散散地攀坐在窗沿，或躺坐在走廊上。

相对于此，我看到“工艺课”中院童们手边搁着的篮子里，完成品一摞摞迅速地堆高，我吃惊地发现一切竟在沉默中进行。

这所“教养院”是我日常散步路经的，铁栅门可见庭院内无所事事、姿形怪异的十数名院童散列，上课铃响，才纷纷走进室内。但也仍有一两名对于规定的作息完全不予理会，手攀铁栅茫茫地看向外面的世界。

引起我好奇注目的，是他们几乎像某一特殊民族似的彼此相类——扁平而宽的脸颜，头部却向上收缩起来，像橄榄形。体态多半白胖而鲜少代表忧烦的皱纹，彼此间的表情尤其一致，都有一种不知所以的微笑。唯其旁人无法感应的原因，那兀自的笑颜，看起来便有一丝落寞了。

随着院方应允我自由的参观，对于院童们的小世界，我有了进一步的了解。我们统称之为“院童”的他们，实际年龄有逾三十岁的，只因为某种停止增长的智能，也延缓了衰老，看起来有如大型的儿童。在这些外貌极为雷同的人物身上，除了构成他们生活内容的善良、浑噩和愚呆之外，我也能探触到人类所共有的微妙情感的部分。

“先生，你可以单独在空的餐厅里进行。”当我请求为之中的几人留下炭笔素描的时候，院长如此建议。因为那需得较长时间，怕院童们好奇聚集带来对我的侵扰。

这是可以证明的。有一天我曾见一个年轻女老师低着头，静静地用着与院童们一样的午餐，而她脸庞的清丽与动作优雅，在此不正常的团体中，愈发突显出来。那时候，我看到一个与她面对面同桌进餐的院童，似乎因这一切的优美，感到一种无言的庄严，遂被震慑住了一样，自始至终安静有序地用完他的午餐。

经过安排，一个院童落座于空餐室的长条凳上，安静但不知所措，注视着脚前渐渐伸长的日影，要静静坐着不动不是容易达成的要求。稍前，一个白净清秀的男生，被老师劝慰走进来给我素描的时候，即开始抗拒地站在那里——但并不反身走开，而是用左拳捶打自己的胸腔，发出空洞的声音；继而又挥舞手臂击打下巴——使我不得不放弃。

此刻在餐厅里仅只我和一个院童对峙的时候，我竟感到束手——那失去常态比例的躯干，歪斜的五官，我自以为训练有素的观察之眼，如同面对飘浮在失重状态下的运动员，一时感到无从去把握它们。

当我正进行客观仔细的描画的顷间，一个路过的院童发现了，便留在餐室门口不走，兴奋地上下跳跃着，嘴里发出莫名的呻吟……

之后的半年间，我认识了他们之中几个，也感悟到这个散布怪异相貌的童院所在，原是如天使般让人觉着单纯温馨之地。

已经是三年后的今天，我又一次路经此地的时候，发觉山道已拓宽，为此之故，“教养院”的石墙被拆去，且向后退缩了，庭院裸露在简单铁丝网围起的空敞中。我驻足向里面望去，那形貌一体相似的院童们，似乎已经衰老，之中有几个仿佛还识得我似的，表情流露出一种只有正常人才有的寂寞哀伤。

导读

雷骧，一九三九年生于上海。曾制作电视纪录片：《映像之旅》《风景在线》《作家身影》等。多次获金钟奖，并以《矢之志》获《中国时报》文学推荐奖。著有《青春》《异质风景》《悲情布拉姆斯》《文学漂鸟》等作品。近年来素描、小品合集，成为雷骧独特的创作形式。

雷骧的笔触，其文体的描写，一直是台湾文学的异数，其魅惑之神采，其深邃之人伦显影，犹似他另一擅长的绘画形式。

《王功苏醒》，有着都市人抵达中台湾海岸渔村的怅然深思，以剥蚵老妇的反诘，意外衬托出来自都会的旅行者之无知，这深刻的不愠不火的款款道来，恰如其分地显示作者一向所秉持的“不恋人之心”，令人读之心折。

《异形天使》呈现教养院中唐氏综合征孩子先天的不幸，却以悲悯、庄严视其“天使”般之纯真，作者有深刻的悲痛疼惜。足见“人道主义”之真意在于感同身受，更犀于心。

雷骧在长年纪录片编导工作里，借旅行，不断地笔记、描绘，形塑一种“人间关怀”的大爱情境，却毫不滥情造作，以“理解、研习”的平等心态，文如其人。读者由此二文，可以知悉台湾这块土地，从南到北，无不有着哀伤却不失其人类尊严的角落，因而对于作者动人的真情映照有所动容。雷骧秀异的文字，令人掩卷后深思回味，犹如寻道者，在暗夜中见及星光那般透彻。

——林文义

悲歌岛乡

洪素丽

芒果树与蝉

一个动荡的年代。学生时代的革命情绪死灰复燃。我已是半百老人。

大战前后我们被战火烙成废铁，全家人与肢体一般残缺。战后未得喘息，“二二八”狂飙把我们一群少年仔大风般吹刮不剩。台湾，记取你孤寂四百年岁月，我的半百坎坷。苍鹰划空一声呼啸，是我最后的绝望的呼喊。

又是送走第 N 个“二二八”，进入芒果树开花时节了吧？蝉在密叶中吱——吱地尖叫，可怀念的夏日之歌啊！

绝食是我凝聚意志力作最后的神圣的抗议之战。然后，我将衰弱身躯交还恶浊人世。爱人与仇人或将不分彼此，拥抱在一起。缭乱如网无花无叶的人世，我曾得到最好的，也遭遇到最坏的。台湾，你是我的生母与养母，四百年大海中孤寂的哺育与反哺，从来就不是单纯的母子关系，我们之间受到很多干扰、背弃、绝望、复仇、眼泪、禁锢，与断裂、重逢与拥抱、爱人的伤口、母亲的掌心、父亲凝霜的眉、叔叔的横死、外来者的歧视、语言的践踏、良善者彻骨的摧残、弃儿的彷徨，重新站立。

外面朋友集聚高喊，永别挚爱的朋友。台湾永远留印着我的祝福，与祈望。

马缨丹与鱼狗

锤墙哭泣的母亲，悲欢岁月埋葬深井无波，哪里是她的归宿？

四个儿子由于莫须有的罪名被下狱。封建社会最残酷的连坐法。曾是医生娘的妇人，出身好人家的女儿，音乐、美术、文学，无所不精。儿子们的教养，费尽她的心力，教给他们基督献身的人道主义，为人间最丑陋深恶的罪孽赎罪。

马缨丹在盐田白水边沾着盛夏的浓尘绽放橘红色小花序。鱼狗靛青流亮羽翅蹿越漠漠盐田。赤白暑热的日光，焦渴盐田的青藻气味。明亮日光反射盐田，更加亮得令人睁不开眼睛，好似刺刀。儿子们，日复日，年复年，在黑暗阴潮闷热的牢狱中，喘息如畜生。无望的期待暗母亲的呼唤，长日刺刀般割斩母亲的心。永夜瀑涌泪水枯干了空洞的眼眶。

母亲再也看不到马缨丹的盛放。母亲瞎了。然后永诀充满刺刀与荆棘的人世。

茉莉花与水牛

襁褓时，二十一岁的年轻父亲被投入黑牢中反复拷打、折磨。敲掉满口的牙，折断英挺身躯的肋骨，挫伤脊椎柱坐骨。女儿呀！为父的为了替你这一代争取更大的民主自由而受难。女儿呀！无父的女儿，你长大到七岁，折着田野篱畔一枝发出淡淡馨香的茉莉花嗅着玩时，旁边蹲着反刍的水牛，默默以带泪的大眼睛注视着你时，幼小的你，或许可以慢慢学习感受：那是背着劳苦重厄的为父的眼神哩！

女儿呀！无父的女儿！茉莉花是你清美可爱的缩影。水牛是为父的背负重担的化身。

蔗田与乌秋

兀鹰三只在河岸上方盘旋绕圈。

落叶飘零的年代，苦楝花开的年代，台湾连翘枯萎的年代。

河上漂下来尸体，牵亡渡桥头，硝烟未完，逃难人潮抵浊水溪畔。

荖农河岸开展青青蔗田，田中一洼炸弹坑洞，无数苍蝇聚满洞口碎尸上。

河流继续行走，牵亡渡过桥头，苦楝花开过，蔗田开始收割。逃难人潮风尘仆仆回去荒芜的家园，兀鹰噬光肉尸碎片，无所事事地飘荡空中。

重整过的农地，重插碧绿秧苗的稻田，重冒炊烟的家屋，重新洒扫的庭院。竹丛茂密飒飒风摇，一只漆黑水亮的乌秋，从竹枝末梢弹跳出来，飞往蔗田去。

西北雨自天边渔阳鼓动地而来。

导读

洪素丽，一九四七年生于高雄。台湾大学中文系毕业，一九七〇年赴美国纽约国家艺术学院习画，擅长版画与木刻，长居纽约，画与文多取材自台湾岛乡的记忆与风土，文字清丽流畅、细腻婉约，书写自然与人文，演绎社会关怀，情感丰沛深挚。创作以散文为主，重要作品有《浮草》《昔人的脸》《港都夜雨》《海岸线》《寻找一只鸟的名字》等。

多种媒材混用，散文、诗、版画、素描的元素并置文中，以自然意象扣连人文反思，是洪素丽作品的独特风格；《悲歌岛乡》即是其中的秀逸之作。《悲歌岛乡》以几个段落，营造出丰富的历史画面感与厚重的色泽感，以几近于木刻的手法，刻画岛乡的自然风土与历史人文，并且透过季节的、视觉的、意象的对比，注写白色恐怖历史悲剧的荒谬性。

《芒果树与蝉》透过夏日与寒冬的季节转换，叙写历史悲剧下，岛乡子民生命的丰盛与枯萎。《马缨丹与鱼狗》中，各种繁丽色泽铺洒字里行间——马缨丹的橘红、鱼狗的靛青、盐田的雪白，然而，那因为政治悲剧而失去丈夫与儿子的母亲，却哭瞎了她的眼睛。《茉莉花与水牛》中，如茉莉花般清美的女儿，如水牛般拖磨的父亲。《蔗田与乌秋》中，苦楝花绽开表征着悲情的盛放，而台湾连翘枯萎则诠释了台湾主体生命的被摧残；曾是台湾最重要经济物产的蔗田，却炸出深洞，布满碎尸。

《悲歌岛乡》以浓稠的诗画意境，刻画台湾历史悲情，既具诗的丰富意象，又具散文的透明性，自然地景与历史光影跃然纸上、浸透纸背，是身在异乡的洪素丽，对故乡台湾的深情恋歌。

——杨翠

番 薯 的 孩 子

萧 萧

外面又传来奇异的竹筒转动的声音，孩子都很高兴，说：“烤番薯的来了！”我则漠然翻阅书报，不愿让自己的思绪回到种番薯、挖番薯、拣番薯、吃番薯的日子……

稻谷收成以后，我们忙着把稻草一束一束地扎好，挑回家去，整片田野一下子空旷起来，不要几天，我们又把田里的土翻了一遍，透透气，晒晒太阳，然后整理成一岭一岭长条形的土堆，岭与岭之间的沟谷便于通风，也方便我们行走，雨水多时更可迅速让小土堆上的水分排泄下去，保持一定的湿度。从田埂的这边看过去，一岭一沟，一起一伏，真像凝固的波浪一般，我们称为“番薯岭”“番薯沟”。这时候，如果望望四周的田地，大约也都完成了这样的准备，土岭的走向有的东西向，有的南北向，纵纵横横，简单的线条，随意的构图，稻野的风光一下子又变成“番薯园”的景观了！

其时，“番薯栽”还没播种哩！

父亲要到永靖或田尾选购好的品种，番薯的种植方式采用插茎法，所以我们称这些选购回来的一捆一捆的番薯茎条为“番薯栽”，“栽”的意思就像“谷种”“秧苗”的“种”“苗”一样，感觉上，种是种子，辈分最小，苗则已发了芽，有了一定的高度，“栽”的资格最老，是匍匐地上，细长的番薯茎截取下来的，原来已是番薯这种草本植物身上的一部分了。

一捆一捆的“番薯栽”买回来以后，赶快解开绳索，放在阴凉的地方，披散开来，喷些清水，保持生意，以便第二天播种在泥土里。

第二天一大早，我们全家都到番薯园去，趁太阳还没起床，露水还未晞干的时候，把“番薯栽”插入泥土里。种完全部三分地时，才发现太阳已经高高挂在东边的山上了，回过头看看刚刚栽种的番薯茎，好像十分无力，趴在那里，茎上的叶子也被太阳晒得软弱无劲，奄奄一息。

“阿爸，这种敢会活？”我实在担心，再经过一整天的日晒，番薯还活得成吗？

“当然会活。”

父亲说，番薯的生命力很强，我们不必担心。可是，第二天我又跑到番薯园一看究竟，仍然是无气无力的样子，我还拔了几根出来看看，一拔就出来了，仍然跟昨天一样的番薯茎，或许要比昨天更乏生机。

“阿爸，番薯快要死了！”

“不会啦！”

父亲连看都不去看一下，径自忙着整理农具，七八岁的我忙着灌蟋蟀，过了一天也就忘了田里的事。

不知过了几天，我和二姊扛着一桶尿到田里浇菜，看见田埂两边邻家的田地上，番薯叶青葱可爱，直催着姊姊加快脚步，我们家的番薯是否一样翠绿引人呢？

哇！真的是神奇的番薯，每一枝都蓬勃，都有力，都伸延了好几寸，都知道抬头迎人。

“阿爸，番薯发得真美，藤牵得真长。”一回到家，我就把满腔兴奋传递给父亲。

“我知啦，我去看过几回了！”番薯的成长是不是都在父亲的预料中呢？

父亲其实比我还关心番薯的成长，而且也了解番薯生命的坚韧性，他了解生命独立自主的可贵。

真的不过一个月，整片田野蔓生着番薯的藤茎，番薯的叶子已完全覆盖了隆起的土堆，我们走在番薯沟里，把细长的番薯藤茎拉牵好。

番薯叶长得相当旺盛、茂密的时候，我们常去割取，连茎带叶割下来，回到家以后，先丢一把在猪圈里，很快地，卵形的叶，互生的叶，还有叶柄、细茎，都在啃食、拉扯间，成为猪仔的点心。一整箩、一整筐的番薯叶，则在母亲快刀斩乱麻之后，放在大锅里水煮，然后放置在大水缸中，这是猪仔每日三餐的主食。猪仔食量惊人，我们隔个三四天就要到田里去，连茎带叶割下来。

收成不好的日子，连菜蔬也青黄不接，有时母亲只好摘取比较嫩的番薯叶，洗净后，以开水烫熟，让我们沾着酱油配饭吃，干涩多纤维的叶子含在嘴里，我们闭起眼睛吞咽。

番薯长大了，椭圆形的块根成熟了，我们开始准备采收了。

其实，番薯还未真正长大的时候，我们已开始挖掘，父亲每次到田里，总要挖挖看，块根硕大可食的，就摘回来交给母亲，母亲洗净番薯，以菜锉锉成条状，与米饭同煮，这样的饭多了一份清甜、脆软，吃起来别有一番滋味。有时候，我们小孩子也会去偷挖番薯。挖开泥土，如果番薯比拳头还大，我们就赶快拔出来，如果番薯只有拇指那么大，或者像一只张开的手掌，我们得把泥土填回去，覆盖好，再拉拉番薯藤遮掩起来，总要挖到大番薯才甘心。

偷挖番薯，风险极小，想想看，小男孩的身体能有多大哩！蹲在番薯沟里，还有茂密的番薯叶掩护，根本看不到头，风吹叶子沙沙作响，刚好又可以掩护我们拨泥土时可能发出的声音。其实，谁家没有番薯，小男孩也不过是觉得好玩、刺激而已，大家埋伏在田埂的这一头，勇敢的人潜进去挖掘，风吹草动，“有大条的吗？”手忙脚乱，“有人来，要讲喔！”这样的游戏，人人参与，惊险无比。“喂喂，阿吉他阿爸来了，赶快脱裤子……”躲在番薯沟里的“烈士”迅速褪下裤子，蹲在沟中，假装方便，这边的一群人又喊起来了：“卡紧咧，放屎放那么久……”一场可能的危险就这样化解了！

挖到大番薯，我们跑到阴凉的地方筑起土，开始起火烧土，在中猛加树枝、树叶，把火扇得旺旺的，把土烧得红红的，再把番薯埋在其中，把土踏毁，覆上更多的沙土，做个标记，然后，踢罐子啦、打纸牌啦、玩弹珠啦、捉蜻蜓啦、灌蟋蟀啦……大地上可玩的东西多着哪！玩得尽兴的时候，焖在土里的番薯飘出一阵一阵的香味，一大群孩子风一样旋回来，以树枝拨开沙土，找出自己的热番薯，按按看，软软的，闻闻看，香香的，左手拿着又换右手，右手拿着又换左手，轻轻撕开薄薄的番薯皮，忍不住先咬一口，忍不住张开嘴哈着热气，忍不住左手又交给右手，忍不住再咬一口，番薯最香的时候，即使再热烫，也忍不住再咬一口。

不过，真正到了大量采收的时候，苦日子也就来临了！

我们先以镰刀砍除番薯的茎和叶，沿沟堆放，再赶着牛以犁翻开番薯岭，一串串的番薯就显露出来了，我们赶紧拣拾，一堆一堆放好，挑回家去，依着墙角堆成小山，从此，这样的小山就是我们每日的主粮了。

每次煮饭时都要掺一点“番薯签”，番薯以菜铿铿成细长条，我们称为番薯签。经济好一点，番薯签就少放一些，差了，就多放一点。最苦的时候，一碗稀饭中尽是黄色的番薯签条，找不到几粒白色的饭粒，每日每餐如此，一看到番薯签，反胃的酸液就涌上喉头，然而，忍着酸液也要吞咽啊！

还有更惨的，把番薯签晒干了，存放起来，我们称为“番薯签脯”，这种干的番薯签留着缺粮时再吃，那时，番薯的清甜、香味，早已消失了，掺在饭里，只因为可以多一点东西充饥，嚼在嘴里，粗糙无味，连吞咽都困难！

几乎每天，我们姊弟几个都要哀求母亲：“这一顿煮白米饭吧！”好不容易有那么一餐白米饭，我们大口大口地扒，不配菜也吃得津津有味。虽然学校近在两百米的圳岸边，我也常常吵着要带便当，只因为便当里的饭不能掺番薯，掺了番薯会臭酸。

少不更事的我们，哪能了解母亲的心比我们更苦，哪能了解唯有番薯在我们最苦难的日子支撑着我们。

二十世纪三十年代、四十年代，家家堆放着山一样的番薯，人人吃着有时香甜有时无味的番薯，吃番薯长大的孩子，了解母亲的苦心吗？了解番薯的价值吗？

母亲与番薯相知极深，当我们吃怕了番薯饭的时候，母亲时时变换着番薯的吃法，无非是为了填饱我们的肚子，番薯是我们除了米以外的主食，也是我们最主要的点心。煮过饭以后的灶，犹有余热，母亲总会丢几颗番薯在里面，吃过饭还有温香的烤番薯可吃，番薯饭容易吃饱，但也饿得快，何况除了饭以外也没有什么油脂、肉类、蛋白质，刚刚还饱撑的番薯肚，过个两三小时又饿得慌了，吃个烤番薯刚好止止饥。通常吃烤番薯的时候，母亲还会切块萝卜干给我们，吃多了番薯，肚子胀气，响屁连连，无法掩饰，母亲说萝卜干有消气的作用，配着吃，就不会那样难堪了。

有时候，将番薯切块，加上姜丝，以清水煮成甜汤，十分可口，有人还加入洋麻的嫩芽同煮，那更是美味无比了。煮番薯汤一定要加点姜丝，这就表示番薯“性冷”，不宜多吃。然而，为了生活，我们却是日日与番薯为伍，餐餐所见无非是番薯那熟悉的身影。番薯，山一样堆在墙角，不像稻谷收入谷仓，米放在米瓮里。睁开眼就看到那山一样堆放的番薯，我们的心是那样矛盾——卑微的番薯陪我们度过穷困，我们极力要摆脱番薯的陪伴。过年或清明的时候，油炸一点可吃的东西，变换口味，是我们全家围聚在一起，气氛最热烈的时刻，任何可吃的东西我们都会试着下锅油炸，番薯也不例外，番薯削皮切片，风干水渍，然后以油炸热，香甜而脆，大概是番薯最高贵的一种吃法吧！只是，这种吃法极为耗油，我们乡下人偶一为之还可以，不敢太浪费，实在说，也奢侈不起来。

番薯，偶尔也会磨成番薯粉，就像米磨成米浆的过程一样，浆装在布袋里，以石头压着，过一个晚上，水分滤尽了，就是一团番薯粉。晒干，揉碎，就像面粉一样，由母亲收藏备用。最普遍的吃法，是将番薯粉和水调和，加上葱末，煎成葱油饼，有时也可以度过一餐，有时则当点心充饥。我们家山上种有“树薯”，也以这样的方法成为我们的点心，罗掘俱穷的日子，番薯确实扮演了重要的角色，堆在墙角，沾满泥土，毫不显眼的番薯，默默地陪伴我们度过童年……

“爸爸，烤番薯的走了！”

孩子怪我没有及时为他们买番薯，他们不会了解我曾经历的那段种番薯、挖番薯、拣番薯、吃番薯的日子。他们不会了解“番薯的孩子”心中的矛盾——一方面感念番薯，一方面畏惧吃番薯的那种穷白的日子。

导读

萧萧，本名萧水顺，台湾彰化人，一九四七年生。辅仁大学中文系毕业，台湾师范大学国文研究所硕士。

萧萧创作生涯三十多年，包括新诗、散文与评论。他的新诗或关怀风土人情，或以凝炼的意象化入空灵之境，饶富禅机；散文则以尊重生命为主轴，初期常以回忆方式，记录上世纪五六十年代的农村生活，探讨人与土地的关系、人与自然的和谐与对立；中期以自己的教学经验描写师生互动的情谊，见证新世代的师生伦理；近期沉静谛视生命风景，借着生活细节与简净的语言，展现引人反思的篇章；至于评论，大概以建构彰化诗学、台湾诗学与台湾新诗美学为终极目标。

《番薯的孩子》三千多字，首尾两段是竹筒转动的卖番薯声音仿佛扇骨，开阖之际裸露扇面，呈现了他心中的矛盾——既感念番薯又畏惧吃番薯的情结。童年一穷二白的日子，番薯与他如影随形，密不可分。从种番薯、挖番薯、捡番薯到吃番薯，萧萧体会得相当深刻，意料之外又意料之内地描绘了番薯的坚毅形象，也叙述了番薯的经济效益，更为艰苦岁月寻回那一张庶民食谱——

吃番薯的方法。作为经济作物，番薯既卑微又韧命，谚语云：“番薯不惊落土烂，只要生根代代传。”这种特质已内在于族群的生命；由于台湾地形好像一条番薯，所以俗称台湾为番薯。其实，番薯的形、神早已成为斯土斯民共同的符码。萧萧以乡土语言写番薯的孩子，他揭示的虽是个人的番薯经验，也是岛民的集体记忆。这么说来，番薯的孩子，一语双关，可能也指涉台湾的孩子这个命题。

——林明德

传灯者

颜昆阳

1

在大泼墨而不见半线轮廓的夏夜之野，多盏晕黄的风灯缓缓地移动着。有时候，它们停下来，低下去，仿佛贴住地面。我们看不清，提着灯的是一只怎样的手。柔腻而苍白吗？枯槁而瘦削吗？粗厚而黝黑吗？倘若，你不惊悸，走上前去吧！在昏暗的灯影中，你会看见一张——一张棕黑、粗糙的脸孔。啮嚼着槟榔的嘴中轻喊着："四脚鱼，走哪里去！"

也不知多少年了，我走离那一片乡野，再也不曾见到那盏盏的风灯。然而，在我心中却有一盏灯，始终未曾熄灭。往往，为生活奔驰了一天以后，从灯火辉煌的城市归来，卸去西装，脱了革履，在未扭亮电灯的室内，面壁静坐了半晌，或站到漆黑的廊角，俯望着偶然迤逦过短巷的人们。我便恍然看见，一个人，一盏灯，踽踽过空寂和黑暗，向我走来。啊！索寻者的影像，我从他的瞳孔中看见了自己。他索寻的是什么？我索寻的又是什么？在这相望不相见的人生道上，我们各提着一盏灯，不停地索寻着。有人找到了所要找的一切，有人在明灯熄灭之后，不但见不到目标，甚至见不到自己。

我提着灯，从乡间索寻到城市，从少年索寻到壮年。如今，我依然在索寻着。或许，有一天，我会找到我所要找的一切。然而，我必须叮咛自己，在找到之前，定不可让手上的灯熄灭！

2

走过的道路，谁能全然忘却自己的足迹！且让时间回转去吧！去到已褪色的年代。彼时，我尚拥有青青年岁，只知道从父母生茧的手掌中，接取一毛零用钱所带来的快乐。每天，我总是提着碱草编成的书袋，要了一毛钱，走过村尾的杂货铺买五颗糖球。然后，踢踏过满是碎石的小路，到二里外的邻村去上小学。有时候，要不到一毛钱，便跳脚大哭。母亲给了我一个巴掌，并且说："吃米不知米价！"我无法去体味母亲这句话的辛酸，只知道鼓着满肚子的闷气，了无意绪地去上学。彼时，我所索寻的，便只是一枚铜币，此外，我又能想到些什么呢？

阳光熠耀的午后，我走过村北的大圳边，看到一群人正俯视着圳底。我走过去，便讶然看见干涸的圳床上，仰躺着一个妇人，伊被乱发遮掩了一半的脸孔，苍黄而满沾着汗渍，焦涩厚大的嘴唇没有半丝血色。在伊弓起的腿边，一个老妇人抱着一个初生的幼婴，在强烈的阳光下，幼婴细嫩的肌肤，呈现半透明的浅红。呱呱声中，老妇人用一把乌黑的剪刀，剪落幼婴的脐带。"囝仔呢？我的囝仔呢？"产妇挣扎坐了起来。

"要生囝了，怎么还到田里工作？"老妇人将幼婴送到伊手上。

要生囝了，怎么还到田里工作？那一夜，在昏黄的油灯下，我一面写着字，一面不住地想着大圳中产子的妇人。伊为什么怀着孩子，还要那样辛苦地工作？

彼时，母亲正坐在我对面，低着头，沉默而认真地编织着一挂渔网。伊的脸皮粗糙而憔悴，仿佛交纵着生活之轮辗过的辙痕。忽然，我奇怪地想到——母亲在什么地方生了我？田埂上吗？水塘边吗？厨房内吗？啊！是一切伊所工作的地方吧！

"女人为什么要生囝仔？"我这样问母亲。

伊停止手上穿动的梭子，抬起头，打了一个哈欠，用疲惫的眼光望了望我，"那是一种责任啊！"伊这样说。

彼时，我懵懵然无法理解所谓的责任，但仿佛觉得总有什么样的缘故，使得母亲必须这样不停地工作着。之后，我就不再强硬地每天非索取一毛钱不可了。

啊！我该索寻的又岂止这一枚铜币！

3

当我还植立在自己发芽生根的泥壤之时，实在未曾想到，竟然得费我将近二十年的岁月，去为索寻几尺立足之地而忧劳。那种举家漂泊而杂糅着乡愁的意绪，也唯有同样流落在异乡街坊上的人，才能体味了。

我的乡愁，种在十五岁那年一个初春的早晨。彼时，空气冷冽而略带薄雾。我跨着脚踏车，来到中学校的门口。远远的，一个瘦削的妇人挽着团花丝巾包袱，独立在飞着黄叶的茄冬树下。当望见伊，而伊也望见了我之时，伊欢悦地笑着，急步迎了上来。啊！母亲，伊怎么会突然出现在这里呢？

“啊啊！你会冷吗？鼻子冻红了哩！”伊抓着我瘦细的肩膀，“我赶夜车回来，要接你去台北读书。”

彼时，我犹且是理着三分小平头，戴着船形帽的初中学生。两个月前，父母领着弟妹，走离了踩踏数十年的乡土，到一个叫作台北的地方。我因为在学，便被单独留下来，寄居到姑母家里。

从此，我将自己的根茎拔离了乡土。在拎着包袱，随着母亲坐上第一次搭乘的火车，驶向传说中的台北之时，我满怀着欢欣和憧想，何尝识得乡愁的滋味！

在火车上，狼吞着一颗卤蛋、二片瘦肉、几块酱萝卜、大碗白米饭的便当，很觉味道比地瓜捞饭美好得多。“到台北以后，都吃白米饭吗？”我这样问母亲，母亲笑着点点头，并将伊便当中的肉片夹给我。“台北竟是这么一个好地方。”我这样想着，一座彩色缤纷的城市轮廓，便遮蔽了我望乡的瞳孔。

到台北的第二个月，有一天，我自学校里回来，远远便看见父亲站在街口张贴广告的墙下，午后的斜阳照在他黝黑而瘦削的右颊。“我们又得搬家了。”他回过头来，疲惫而略带烦闷地说。彼时，我的乡愁乍然冲开心闸，倾泻而出。那一抔让我恣意驻足的乡土啊！我能将它移到这座陌生的城市上吗？之后，每当再听到父亲说“我们又得搬家了”，便有着一种到处被驱逐的怆楚，而我的乡愁也更深了。同时，我更想到，那一群和我同样来自乡间，在人挤人的都会中，索寻着几尺立足之地的人们，又将会有怎样的感受呢？

葛乐礼台风[1]来袭，我们全家被困在淡水河边一幢低矮的瓦屋中。在阁楼上，瞪视着淹过门楣，一寸寸接近楼板的洪水。从窄窗可以望见几间已在风雨中倾颓的邻舍，逐渐被大水吞没。母亲再也禁不住，掩面痛泣，“没想到全家会死在这里！我不甘心！”伊呜咽地说。我们瑟缩在壁角，也跟着咿咿呀呀地哭了起来。父亲默不作声，翻出了一把割草的弯刀，开始一刀一刀地砍着承瓦的榱桷，“从屋顶上走，只要攀过两条窄巷，就可以到街上人家的楼房，敲后窗，求他们让我们躲一躲吧！”

台风走了，洪水退了，而我们也毕竟活了下来。母亲欣幸地淘洗着被水浸泡过，已发着馊味的白米，“还可以吃两餐。”伊说。父亲去探视那间险些葬送全家的瓦屋回来，屋子是一个月三百元租来的，“泥浆淹到腰间，门被埋去一半，不能住了，又得搬家啦！”他叹着气说。

我忽然觉得喉头淤塞起来，拉着弟弟，走出这间暂时还能借住几天的楼房，涉过满街的泥浆，走向不远的郊野。此刻的淡水河，显得那样混浊、狰狞和庞大。岸边绵亘的田畴，已流失了往日一野的肥绿。残存的作物，缠杂着断木、秽草、泥渍，偃仆在满目疮痍的大地。几处收成过后的空田上，偶然可见一些被水浸泡成死红色的番薯。

“啊啊！番薯，番薯哪！”弟弟兴奋地到处拨寻着。

我站着，也想着，也许人未曾抱着土地出生，所以注定没有一块土地能永远属于我们的。然而，在这奔忙的人生道上，当我们走累的时候，总该有几尺之地供我们歇足吧！这些年来，也不晓得搬了多少次家了，但总没有一处能让我们长久地驻足下来。每当又要搬家之时，那种苦楚

---

① Gloria，1963 年 9 月侵台，中心从彭佳屿与基隆之间经过，强烈的西北风沿淡水河直入台北盆地，造成台北当时有史以来最严重的风灾及水灾，并造成数百人死亡。

并不在于捆绑行李、搬运家具的辛劳，而是在于托根无地的凄怆。那时候，我们最大的憧憬，是能寻得一枝之栖，只要几坪地，四面墙，一个屋顶，让我们安居下来，而没有人来说：“这房子我们要自己用了，你们搬家吧！”也许你会说，这样的憧憬岂不像买个玩具房子一样容易吗？啊！我们的憧憬就是这样的微不足道！但那时候，对我们来说，却已是一个难以企及的奢想了。在这样大流落的时代，许多争生存的人们，每日奔驰于烟尘十里的街头，难道不都只为了这个在别人看起来微不足道的憧憬吗？彼时，我不懂得诗人“安得广厦千万间，大庇天下寒士俱欢颜”的伟大襟怀。然而，每当逢到那些“行止皆无地”的人们，却也自然有一份同病相怜的感受。诗人！诗人！你的“广厦千万间”，毕竟只是建筑在理想的世界中吧！

如今，面对着这劫后的大地，想着今后又将跟随父亲艰巨的步履，驻足于什么地方呢？凝视弟弟拨寻地瓜的背影，我在想——今后我们所必须索寻的又何止这几块充饥的地瓜！

4

我所要索寻的，除了那几尺立足之地，总应该还有些什么吧！

曾也听人说过：在人生道上，当你出发之前，必须先选择一条最适合自己去走的路。然而，那时候，我们却活得像一篓鸡蛋，混沌而封闭，从不知自己和别人有什么不同，又怎么知道哪一条才是最适合自己去走的路呢？每天，我们背着书包一起去上学，一起读国文，一起读英文、读数学、读历史……然后一起接受考试，一起去闯升学的关卡。在学校里，下了课，我们愉快地啃着便当，说着，笑着，闹着，跑着，跳着。

我们的日子同一色调，我们的生活同一样式。我们几曾去想过，什么才是自己最适合去走的路？

思想的贫血，是一种当时不自觉的痛苦的大病，一如童者不自觉呆痴是种病症一样。彼时，我们拥挤在同一条被安排好的道路上，不用大脑，不用眼睛，踏步前进，又何尝去觉受到那种心眼俱盲的痛苦。但认识自己，确也是非常不易的事。哪一天，我们不对着镜子照见自己一遍？凝视占据镜面的脸孔，我们所注意到的，也许是青春痘是否减少了几颗？被一夏烈日灼黑的面皮是否恢复了白嫩？或者，我们会拿一张明星的脸谱与自己的脸孔细细核对，而为自己的眉毛、眼睛、鼻子长得不够完美，大起怅惘。我们认识自己的目光，常这样停止在虚浮的表层，谁曾从镜中真正地透视了自己？

徐志摩曾这样说："走路有两个走法：一个是跟前面人走，信任他是认识路的；一个是走自己的路，相信你自己有能力认识路的。"那些年代，我们总是跟着前面的人走，但是，走在前面的人，却往往并不认识路。即使他认识得一条路，也未必适合我们跟着走。所以，彼时走错路的人有许多，走上一条不适当的路的人也有许多。而走上自己的路的人，却又那么踽踽凉凉！我就是一直踽踽凉凉地走在自己的道路上。这样说，并非我在自以为独特，事实上，映现在镜中的自己，也只是一张正常而平凡的脸孔。

如若真说我曾有什么踽踽独行的寂寞；在十五六岁的时候，当大家摇滚着灵魂，随声唱和着热门歌曲，我却独自走进文学界去拾荒，这也是寂寞。但我清楚自己，唱热门歌曲，可没有那样时髦的歌喉。随声附和，其结果唯有荒腔走板，连自己也听不进去。吟咏着唐诗宋词，倒也有怡然自得的乐趣。到理工界去淘金，我没有挤热闹的兴致，更不愿在走不动之时，被别人踩在脚下。进文学界去拾荒，纵使五步一踊，也觉得适意。很可笑吧！但不管如何，我总认为与其做一只鹤的影子，不如做一只活生生的鸡！

我的幸运，是在同年的孩子们犹自彷徨的年代，便决定将一生许给文学。也许，那是因为我的生命原本属于文学吧！在我还童稚的年代，一句“月落乌啼霜满天”，竟然便将我敏锐的心灵之弦撩拨得叮咚作响。我常常纵容自己感情的激荡，纵容自己想象的猖狂。我把耳朵贴近群山，贴近大海，贴近花，贴近树，贴近一切有生命与无生命者的身上，在静默里谛听自然的脉搏。或者，贴近古人，贴近今人，贴近你，贴近他，贴近一切识与不识者的心房，去谛听他们喜怒哀乐的律动。走过一冬凋尽黄叶的树下，仰望挺立如戟的枝杈，我仿佛能辨识到逝者渐去渐远的跫音。而当春日来临之时，再仰望从枝杈间抽出的嫩芽，我又仿佛听到一群群生命，唱着轻歌，从大地每一角落，齐步走来。这样，将自己的心当作镜子，我遂清楚地照见自己——一个或将憔悴嘶吟的影像，但我不曾犹疑地将一生许给了文学。那么，我所要索寻的又何止是那几尺立足之地！

5

而今，而今啊！当年领着我们索寻立足之地的双亲，已经两鬓生霜，两脚结茧，腰脊也不复挺直。我知道，此时他们已该驻足歇息了，而我也将得领着我的子女，提着一盏明灯，继续走向不可知的未来。虽然，我毕竟已找到一处立足之地，不需再为“又得搬家”而恼恨了。父母安闲地静享晚年，我也拥着妻子，将风雨屏隔在幸福之外。但是，这会是我的儿女永远驻足的地方吗？当我也已两鬓生霜，两脚结茧，腰脊不复挺直之时，他们或将接过我手上的明灯，再领着他们的儿女，继续走向不可知的未来。从这一盏明灯的传接，我们将照见自己生命的永恒。

近来，我变得踏实而钝感。或许因为已拥有了几尺立足之地，一缕乡愁，似从心中逐渐淡灭。我必须叮咛自己，在现实的世界中，或可暂时驻足，然而，我所要索寻的，又岂止那几尺立足之地？在索寻到我所要索寻的一切，而将这盏灯传递给儿女之前，定不可让它熄灭！

窥梦人

颜昆阳

1

我认识“窥梦人”，这是真的。

我并不打算写一篇纯属虚构的小说，也不预备向你讲个查无此事的寓言。我想告诉你的，都是平常发生在你我身边的事。

这些事，全是真的。或许，你不相信，硬说是假的。恐怕我们免不了要争辩起来；但是语言最靠不住了，人们从未曾拿它弄清过任何真相呀！还不相信吗？

那么，我们就活在快被如浪的语言溺毙的世界，谁又确实弄明白过，那些每天口沫横飞的人，背地里想的是什么，干的又是什么！

这世界，任何一件事都只能各说各话，“真相”就让“自以为是”的人去相信吧！假如，这世界果然事事都有真相，许多人将无法活下去。坦白承认吧！我们之所以还能放心地吃饭睡觉，完全是因为这世界不会真正的透明。

那么，我说我真的认识“窥梦人”，你根本无须与我争辩，就当我在“痴人说梦”也罢；这世界向来是真假难辨，因此聪明的人都学会沉默。

2

我们都喊他为“窥梦人”，至于“窥梦人”的姓名，竟已被遗忘而不可考。问他，他有时一手指天一手指地，沉默而不答；有时则随便胡诌一个姓名给你，什么“孔仲尼”、什么“马基督”、什么“牛七力”、什么“李王八”……然后反问：“你非姓 × 不可吗？”

“窥梦人”究竟从哪儿来？有没有父母兄弟、妻妾儿女？也同样一片空白。曾经有人费了不少工夫，从各种管道调查他的身世，却空白还是空白，就像一口不知隐藏何物的黑箱。他一向不回答任何有关他的问题，只是笑笑地重复二句谁都听不懂的话：

每个生命都是一口黑箱；而且必须是一口黑箱。

这句话，我开始也同样听不懂。后来，因为几个朋友的生命如黑箱被揭开盖子而死亡，甚至“窥梦人”也在娶了妻子之后，由于某个与生命黑箱有关的事故而自戕，我才如禅修之顿悟。真的，对任何生命而言，“幽暗”都是一种“必要”，被曝晒在阳光下而里外透明的生命，都将在他人炯然的注视中枯萎。

对于“窥梦人”之死，我没有悲伤，那不仅因为他并非我的亲人或相交莫逆的朋友，更因为他只有死亡，才能验证自己所说的至理名言：“每个生命都是一口黑箱；而且必须是一口黑箱。”这就让人觉得，他的死亡有些滑稽，而滑稽之中又有些泪水悄悄地淌了下来。

从他身上，我们看到了人生恍然是一场如真似假而哭笑不得的游戏。

3

我之遇见“窥梦人”，起始就弄不清究竟是真实或幻梦。

某个下雪的傍晚，我走进一间荒败的澡堂。它的板壁朽坏而破了几个大洞，从右前方的一处洞口，可以看到远方积雪的山坳间，有一座红瓦的寺庙。宽大的澡池里，贮满乳白色的浴汤；但却空无一人。池面氤氲的水汽，飘浮如轻盈的棉絮。

我赤裸着身子，斜靠池边，坐进浴汤里。热腾腾的水温，仿佛千万只手搔抓着敏感的皮肤，我感觉到胯间有物暴胀。这时候，澡池中央，忽然冒出一颗光头，接着便看到坚挺的乳房，是个姣好的尼姑！她嘴角灿着微笑，像一条肥腴的锦鲤向我游了过来。

忽然，我看见板壁的破洞间，露出一张非常苍白的脸庞，睁得圆圆的两只眼睛，没有瞳仁，好似煮熟的鱼目。我惊吓地“啊”了一声。

妻就躺在我身边，和我一样赤裸着身子，头发却披散在藤枕上。她的脸色略显酡红，睁着眼睛注视着我，“做梦了！”她说。

我没有告诉她关于澡池里裸尼的事。她是个虔诚的佛教徒，准会呵责我如此地亵渎。假如，我和她争辩，只不过是个梦而已，怎么能够当真。然而，在情欲与宗教上严重冒犯到她的这样一个梦，她绝不会理智地去分辨真假。说不定，还一口咬定：“梦比这现实更真呀！”

我倒是向她说，看到一张没有血色的脸庞、两只没有瞳仁的眼睛，她直呼好可怕好可怕，并且安慰我，只是个梦而已，世界上不会真有这样的人。人们总是选择他想相信的去相信，而不想相信的事物便认定是假的。

其实，我也如妻一般认为，世界上不会真有那样的人，直到遇见“窥梦人”，才开始怀疑，澡堂里裸尼以及那张脸庞、那双眼睛，究竟只是一场梦或真实发生过的事？甚至，当时自以为醒来，妻躺在我身边，说我做了梦，并与我谈论这场梦，如此情境，究竟是在梦中或现实的世界？

我在都城的一座壅塞着人潮的天桥上遇见他，一张没有血色的脸庞，两只没有瞳仁的眼睛。他就站在夕阳软弱的橙光中，薄暮如纱的烟尘，让他的身影恍然在大气中飘浮着。这是在梦里吗？

“梦与非梦，怎么分辨！”他说。

从前，有个樵夫到山野间去砍柴，遇到一只惊慌的小鹿。樵夫将它猎杀；但因为他得继续砍柴，就暂时把鹿藏在干涸的洼池里，并覆盖几片蕉叶。等樵夫砍完柴，却已忘记而找不到藏鹿的地方。

“难道这只是一场梦吗？”他真的迷糊了。

回家途中，他将这件事说给人们听。有个邻人依照他所说，竟找到那只覆盖在蕉叶下的鹿，很高兴地回家，告诉妻子说：“那个樵夫做梦猎得一只鹿，而忘记藏在那儿。我却把它找到了。他的梦竟然是真的！”妻子半信半疑，说：“说不定是你自己梦见樵夫得鹿吧！樵夫在哪里呢？不过，你的确把鹿扛回家了，你的梦竟然是真的呀！”男人说：“管他是谁在做梦，我得到一只鹿却是千真万确。”

樵夫回家之后，非常懊恼，晚上真的做了一个梦；梦见藏鹿的地方，也梦见鹿被那个邻人找到而扛走了。第二天醒来，依照梦境寻去，鹿果然就在邻人家里。他非常生气，一状告到官府去。

“窥梦人”说了这则《列子》里的故事，然后问我：“梦与非梦，怎么分辨？”

此刻，我真的迷惘了。“澡堂”与“天桥”，哪一个是梦，哪一个是非梦？而我却同样看到这张脸、这双眼睛。假如“澡堂”是现实，那就是“澡堂”中的我梦见“天桥”上的我；假如“天桥”是现实，那就是“天桥”上的我梦见“澡堂”中的我。而裸尼呢！妻子呢！哪一个才是现实中与我同在的女人？哪一个只是梦里无明的幻象？我该相信什么？我不该相信什么？倘若曹雪芹感悟到的是“假作真时真亦假”。那么，此刻我感受到的却是“真作假时假亦真”。然而，每一个人却都自认为在真相之中而看到了真相！

其实，这整个经过，最让我害怕的还不是梦与非梦、真实与虚幻之难以分辨；而是“窥梦人”竟然能够在我这两个世界中自由进出。“我在一个荒废的澡堂里看过你！”听到他这句话，我不是讶异，而是惊恐。

我一向认为，生命存在的真假无从辨明，也不重要。重要的是彼此之间，允许自我“留白”；让每个人在相互瞪视之外，也可以孤独地躲进一个任何他者所无法侵入的世界。那也是我们可以安全地生活一辈子的理由。假如每个都是“窥梦人”，我不知道谁能放心地过完这一生？

4

我和“窥梦人”坐在都城东北边山腰间的一棵白鸡油树下的盘石上。都城已在如墨的夜色中，变成一口巨大的黑箱。箱面上镶嵌着熠耀的明珠与钻石，那是可以照灼幽暗的灯光；但是，生命的幽暗处却向来是任何亮光所照灼不到。它在光之外，像是永藏不露的山阴，与山阳共成无法分割的山之实体。

深夜里的都城，是一口巨大的黑箱，即使通明的灯光也难以照灼这黑箱中许许多多生命的幽暗。我们所能看到的只是黑箱的外壳。然而，因为如此，所以都城继续存在，人们继续存在。

“窥梦人”仿佛融进夜色中，变成没有实体的灵魅。他的眼球不长瞳仁，在白天，看起来像颗煮熟的鱼睛。这刻在夜里，竟然泛着磷光。他低俯身子，面对脚下如黑箱的都城。眼中的磷光像五月的萤火，闪烁不定。

“搭着我的肩膀，闭上眼睛；我带你到几个用眼睛看不到的地方。”他说。

请原谅我吧！我真的无意去揭开任何一口生命的黑箱。然而，随着“窥梦人”，我侵入了几个生命的留白，看到了平常眼睛所看不到的景象。当时，我并不知道身在哪里，只以为那是真真切切发生在这现实世界中，却叫人震惊而难以置信的事。之后，才知道我们进入了某人的梦境，窥视了连他最亲近的人都无以察知的秘密。

其中，有些我认识，有些我不认识。不认识的，我就不说了；认识的，我挑一个说说吧！但我必须姑隐其名，你千万不要继续追问：那个人究竟是谁？

天似黑锅，顶空却破了一个大洞，散落如血的光芒。大地是滚滚的浊流，什么都被淹没掉，只有一座金色的高楼耸立水面。顶层的阳台上，一把长背的交椅，C君端坐仿佛冰冷的石像，他的右手拿着酒杯，左手搂着一个妖冶的女人。

阳台前端有把铁梯垂悬到水面上。水面上，一个肥胖而衰老的男人，正在滚滚浊流中载浮载沉；他赫然是C君的父亲。他不停地挥手向C君求救；但是，C君却只是冷漠地瞪视着他——这个C君叫他“父亲”的男人。

C父拼命地向自己金色的楼房泅泳，终于攀到了梯子。他疲倦而兴奋地往上爬，眼看就要爬到梯子的顶端。C君站了起来，脸无表情，抬起右脚将梯子踹倒。

“窥梦人”在我身旁，漠然地看着这一幕悲剧；或许是他看多了，或许这些人这些事都与他无关。但是，我就不能那样淡漠；C君是我最好的朋友，很知名的大学教授，向以孝悌为我辈所敬重。C父则是一个拥有许多财富与女人的商贾，生了几个不同母亲的儿女。

C君怎么可能做出这样的事！但他却在我眼前发生了。之后，我明白那是C君的一场梦，是C君生命黑箱中另一个幽暗的世界；我不应该侵入。然而，我却已经侵入，揭开了黑箱盖子的一个小缝。此后，每当见到温文儒雅的C君，在真假难辨中，竟感到一种奇异的陌生，甚至掺杂着些许的厌恶。

5

昔者，有“狐疑”之国，王忌其弟谋反而苦无稽焉。某日，一士自西方来，自谓能窥人之梦，以伺心机。王遣之侦察其弟，果得叛变之梦，因以为据而杀之。复疑其弟魂魄为乱，惧而不能自解，终癫狂而死。

我并非在讲一个查无此事的寓言，这是平常或至少可能发生在你我身上的事。

自从“窥梦人”在我们的群体中出现，这世界就忽然复杂了起来。许多家伙开始在最亲近的人身上贴问号，“窥秘”是一种心灵自体潜生的病毒，被诱发之后，便很快地扩散开来。很多人都想揭开所亲者的生命黑箱，让他成为一个完全的透明体。因此，他们都以很昂贵的代价，请求“窥梦人”的帮助。有夫窥其妻者，有父窥其子者，有至交之相窥者……而人人自以为已看清对方生命的“真相”。

他们究竟看到了什么？谁都没有说明白；但是，据我所知，已有好几个人，却因此而夫妻、父子、朋友彼此离散或相残。

“窥梦人”总是漠然地进出很多人的梦境，并以此异术而致富；20世纪末，在都城南区一座天主堂中，由安乐神父福证，而与莺莺小姐结婚。

婚后不到两个月，“窥梦人”便开始酗酒。为什么会这样？他始终沉默，但脸色明显地堆积着层层的怨苦。后来，禁不住我的关心与追问，他终于吐露了实情：

“莺莺的梦里有好几个男人！就是没有我。”

他每个晚上，几乎都在窥视莺莺的梦。而他再也无法如窥视他人之梦那样漠然。

“你就别进入她的梦里呀！”我劝他。

“既然是X光，能忍得住不透视吗？”他摇摇头。

终究，“窥梦人”无法忍受这样的煎熬，于2000年愚人节当夜，从莺莺的梦里出来之后，服毒自杀，遗书只留下二句他曾经说过的名言：

每个生命都是一口黑箱；而且必须是一口黑箱。

他早就这样说了，却没有做到，竟然必须滑稽而悲凉地以自己的生命去验证斯言！

我得再强调，这不是一篇纯属虚构的小说，也不是一则查无此事的寓言，而是平常发生在你我身边的事；但是，请别找我争辩它的真假。说不定你身边就有一个“窥梦人”，只是你没有察觉罢了。

导读

颜昆阳，一九四八年生，台湾嘉义人。台湾师范大学国文研究所博士，曾任教于高雄师范学院、中央大学、东华大学中文系及人文社会科学学院院长。曾获《联合报》短篇小说奖、中兴文艺奖章古典诗类、文艺奖章散文创作奖等奖项。著有散文集《秋风之外》《传灯者》《想醉》《手拿奶瓶的男人》《智慧就是太阳》《人生因梦而真实》《颜昆阳精选集》等，另有小说及学术论著等十余种。

颜昆阳十六岁就自古典诗词开始他的创作生涯，在台湾古典诗坛属于颜昆阳的世代中，他的才气最高、性情最浪漫。换言之，颜昆阳生命中最优美、最浪漫、最纯情、最初始的生命，在古典诗词里发挥得最为淋漓尽致。

其实，颜昆阳娴熟古典文学的所有文类，不仅擅长古典诗词，他还创作曲、古文、骈文，只因写作机缘不多，所以创作量较少。在台湾文坛，以古典文学的深厚根基作为现代文学的创作养分，大约无人能超越颜昆阳。

颜昆阳在大学时代开始创作现代文学，同样囊括了散文、小说、诗歌三大文类。他的生命本质是一个有创造力的作家，由于现实生活的需要，他必须成为一名学者以养家活口，而个性上的过于认真笃实，使他在成就一名严谨的学者过程中，无形约制了浪漫的天性，他的创作不知不觉朝向理性思维，自第一本浪漫唯美的散文集《秋风之外》，很快就走向关照现实的《传灯者》，后到以古典文学再创作的《想醉》《人生因梦而真实》及《智慧就是太阳》，都可以看到他的学养修为如何形塑的思维，到了《窥梦人》，完全是理性超越感性之作，使他成为一名知性的作家。

——郑明娳

图书在版编目（CIP）数据

山川岁月长 / 蒋勋等著；向阳编. -- 南京: 江苏凤凰文艺出版社, 2018.10（2018.12重印）
ISBN 978-7-5594-2028-2

Ⅰ. ①山… Ⅱ. ①蒋… ②向… Ⅲ. ①散文集－中国－当代 Ⅳ. ①I267

中国版本图书馆CIP数据核字（2018）第081478号

书　　名	山川岁月长
作　　者	蒋勋 等 著　向阳 编
责任编辑	邹晓燕　黄孝阳
出版发行	江苏凤凰文艺出版社
出版社地址	南京市中央路 165 号，邮编：210009
出版社网址	http://www.jswenyi.com
发　　行	北京时代华语国际传媒股份有限公司　010-83670231
印　　刷	北京中科印刷有限公司
开　　本	880 × 1230 毫米　1/32
印　　张	8.5
字　　数	150 千字
版　　次	2018 年 10 月第 1 版　2018 年 12 月第 6 次印刷
标准书号	ISBN 978-7-5594-2028-2
定　　价	49.80 元